本书系教育部福建师范大学基础教育课程研究中心2023年度开放课题"当代审美教育下幼儿社会性情感发展的实践研究"（课题编号KCA2023113）阶段成果。

陪幼儿走过春夏秋冬

——幼儿园生命成长体验式活动案例

黄 伟 ◎ 主编

海峡出版发行集团 | 福建教育出版社

编 委 会

顾　问：吴荔红
主　编：黄　伟
编　委：林燕钦　陈赛华　胡志华　黄　伟　黄碧霞

序

人的生命成长包括生理成长、法理成长，同时，还包括了心理与精神的成长。儿童从自然人向社会人转化的过程中，情感态度的培养不容忽视，尤其是阳光向上、对生活充满激情、热爱生活是生命成长过程中不可缺失的人生态度。

生活即教育！

生活中一年四季的更替，带给孩子们不一样的季节感受。在四季的轮转中，每个季节呈现给孩子们的是惊奇与惊喜。四季的气候变化、风云雨雪、动物植物等等都与孩子们的生活息息相关，孩子们会用自己的感官、自己的行动去捕捉生活中存在着的那些让自己感兴趣的、愿意探究的事物；而随着季节与孩子们邂逅的那些美好的节日，带给他们生命的是深厚的、承载了中华五千年文明的节日文化，在与节日的对话和人们的迎来送往中，孩子们初学做人、做社会人，更是在学做高尚的社会人。

生命是随着四季的轮转向前滚动的，四季轮转的就是孩子们成长的生活。因此，依托四季的时序特征和孩子们衣食住行等等的日常生活经验，仙游县鲤中实验幼儿园的孩子们走进四季，抓住每个季节的独特之处，开展生命成长的体验式学习。比如春天的"春节"系列活动，孩子们听关于"年"的节日习俗故事，了解春节的节庆饮食特色，共同参与家庭和幼儿园的节日环境布置，家长们带着孩子走进社区，感受社区节庆氛围，和孩子们一起制作节庆美食，参加节日庆典，走亲访友，体会节庆里的迎来送往，在热闹真实的生活中，感受节日的氛围，实践生活礼仪，体会节日文化，获得交往技能；

每年的三月份，孩子们坚持走进敬老院看望孤寡老人，为他们表演、送美食；走进特殊学校陪伴特殊儿童，和他们一起做游戏、讲故事，和我们的义工志愿者参与社区"爱心义卖"、公益演出、下乡慰问、捐款、图书捐赠……看到弱势群体因他们的到来那兴奋愉悦的神情，孩子们的心灵被深深地震撼，在体验的过程中，感恩的种子也悄然埋在孩子们的心田。又如：秋天到了，孩子们的生活不再局限在幼儿园，他们走进田野去感受农民伯伯田间劳作的辛劳，走进果园，在采摘活动中，体会丰收的喜悦；落叶纷飞中，幼儿园的校园清洁日，孩子们整理玩具、打扫校园落叶，感受季节的特点，"生活小能手""农作物大变身"是孩子们对这个季节的回应。带着家庭、幼儿园生活的经验，孩子们迈进社区，融入社区生活。孩子们懂得过马路要走人行横道线，红灯停，绿灯行；公共场合不能大声喧哗；垃圾不落地、学会排队等候……对社会公共生活规则产生认同感与使命感。

孩子们在四季的轮转中，走进生活，走进大自然，走进社会，以实际体验的方式，学做事、会做事，掌握最基本的生活能力，在各种劳作、操作过程中，进行着生活的磨砺演练，身体动作发展日渐灵巧，学会生存之技；在延续人类的共同生活中，孩子们逐渐掌握群体经验，遵循社会规约，逐步摆脱生命中固有的野性，对一定的公共价值形成共同的概念和公民意识，形成能够遵循各种规约的能力，学会与人相处，与社会上的他人相处，学会共同生活；在生命体验中，孩子们形成的认知、情感、意志特征也必将影响着生命的成长。因此，在四季的生活体验中，孩子们不仅体验在劳动过程中遇到的困难和挫折，也能反思自己的收获和成长，体会到这样的体验带来的幸福和满足，积极主动地去发掘生活中的真、善、美，并自然融为自己的人生观，使得身心不断实现平衡，保持愉悦，从而健康成长，为最终成长为社会人而存储经验。

仙游县鲤中实验幼儿园从2011年春季创园，至今已走过了近9个年头，一群愿意为孩子们的生命成长不懈努力的教育人，满怀教育情怀，带着初心，朝着"为生命而动、为未来而来"的教育目标，陪着孩子们走过了一年又一年的春夏秋冬，为孩子创造了一个充满关爱的教育氛围，开展了与孩子的生活紧密相连的实践体验活动，从小培养孩子学习关注他人、体验他人的情绪、表达爱的能力，帮助他们成为一个发自内心、积极主动去帮助和关爱他人的小社会人。如今，她们的儿童生命成长体验式活动案例《陪幼儿走过春夏秋冬——幼儿园生命成长体验式活动案例》即将出版，在此，向她们致以崇高的敬意和衷心的祝贺！

吴荔红

2019.10.20

目 录

第一篇章　与四季同行

春之篇

春节系列活动 …………………………………………………… 3
课程方案一："萌娃闹元宵·幸福满鲤中"元宵游园会 ………… 5
课程方案二：开学五天乐 ………………………………………… 16
课程方案三：新春话新俗 ………………………………………… 30

夏之篇

成长系列活动 …………………………………………………… 44
课程方案一：爱的呵护——"花香满园·感恩母爱" ………… 47
课程方案二：生命的力量——"父爱助力·感受力量" ………… 57
课程方案三：成长的快乐——"我的六一我做主　我的六一花样过"
　　　　　　…………………………………………………………… 66
课程方案四：希望的飞翔——"繁花似锦·雏鹰展翅" ………… 78

秋之篇

感恩系列活动 …………………………………………………… 91
课程方案一：感怀师恩 …………………………………………… 94
课程方案二：爱在重阳 …………………………………………… 102
课程方案三：情暖中秋 …………………………………………… 115
课程方案四：歌唱祖国 …………………………………………… 121

课程方案五：拥抱自然 ………………………………… 135

冬之篇

"冬日暖阳煦·萌娃喜探冬"系列活动 …………………… 164
课程方案一：冬季的运动 ………………………………… 166
课程方案二：我爱科技生活 ……………………………… 188
课程方案三：迎春的华尔兹 ……………………………… 199

第二篇章　四季的课程故事

"串"通一气 ……………………………………………… 213
稻草人：果子保卫战 ……………………………………… 222
花艺坊"干花之旅" ……………………………………… 227
书啦啦小屋"那些人，那些事" ………………………… 236
草娃娃，我来照顾你 ……………………………………… 242
穿衣那些事儿 ……………………………………………… 247
我们搬家啦 ………………………………………………… 254
小脚丫去新家 ……………………………………………… 263
废物换新颜，新衣我秀（旧物改造场馆）……………… 270
美丽的花格窗（旧物改造场馆）………………………… 275
我和运动有个约会（书啦啦小屋）……………………… 285
藏在地瓜里的霉菌 ………………………………………… 291
蛋托变变变（旧物改造）………………………………… 301
宝贝厨房"美味煎饼" …………………………………… 307
再见旧园，你好新园 ……………………………………… 313

再版后记 …………………………………………………… 318

第一篇章 与四季同行

孩子天真纯洁，对爱有天生的需求，对真、善、美有本能的向往，幼儿阶段是孩子健全人格养成和道德品质形成的关键期。此时，幼儿园应与家庭携手，共同为孩子创造一个充满关爱的教育氛围，教会孩子如何面对生活、如何与他人相处、如何珍惜每一刻的美好时光，从而培养孩子关注他人的能力，能体验他人的情绪，培养表达爱的能力。

陶行知先生说："把教育目标定位在改造生活上，我们要改造生活，是好的生活就是好的教育，要用前进的生活引导落后的生活，生活教育是为生活向前向上的需要而教育。""教师要创造的是真、善、美的活人"。本篇章呈现了我们和孩子们欢度春节的喜悦，悸动万物的复苏与新春的希望；我们和孩子们经历夏季的热情如火，万物茂盛，感受成长的力量；我们和孩子们喜迎秋季累累硕果，庆祝农作物的成熟与收获，感恩大自然的馈赠，收获丰收的喜悦；我们安宁于冬季的静谧祥和，也为来年的再起航积蓄力量。我们穿越春、夏、秋、冬四个季节，体验自然的韵律，感受生命的奇迹，孩子们在实践中体验、在体验中成长，真正实现了知识与情感的双重收获。

我们开展与孩子的生活紧密相连的实践体验活动，让孩子们在四季的怀抱中感受时间的流转、季节的更迭，以及与之相伴的万物生长与变化，陪伴孩子们走过四季的成长之路，共同踏上幼儿生活的丰富多彩旅程，帮助孩子们成为一个积极主动去帮助和关爱他人的小社会人，这是一次心灵的旅行，是一次孩子、老师和家长共同收获知识、情感与成长的宝贵财富、学习发展之旅。

春之篇

春节系列活动

【课程意图】

五千年的华夏文明,厚积了光辉灿烂的文化,特别是富有浓郁中国特色的传统文化和民俗风情,更值得我们和孩子们一起去体味、去传承。

春节,俗称"过年",是我国最隆重、最热闹的古老传统节日。春节从农历"小年"开始,一直到正月十五,其中以除夕和正月初一为高潮,汉族和一些少数民族要举行各种年俗活动以示庆祝:过年扫尘、办年货、挂年画、过小年、贴春联、除夕守岁、放爆竹、初一拜年、初二回娘家、逛庙会……直到正月十五赏花灯、猜灯谜、舞龙舞狮闹元宵。这些民俗都有着独特的传统年味儿。随着时代的发展,中国各地兴起众多"新年俗":网购年货、春运"逆向迁徙"、微信"抢红包"、家人同看老电影、春节文化旅游……红红火火、热热闹闹,让新春佳节过出别样趣味。

除旧迎新、家人团圆、走亲访友、民间游戏……中国年俗里那些说不完的故事,道不尽的民俗风情,给予孩子们不一样的情感体验。因此,结合身边的春节民俗活动,根据各年龄段孩子的动作发展、认知能力、心理发展特点,我们"年的回味之旅"在对歌走秀、精彩辩论赛中展示新年的民俗风采,表达成长的自豪与喜悦;在感受年味、家乡风俗、品尝年货、民间游戏中体味春节的欢乐,享受新年的喜庆热闹,加深幼儿对中国传统节日的认识,增强幼儿对中国传统文化的热爱；同时，结合移风易俗的倡议，将健康、文明、节约、科学等生活方式带到教师、幼儿、家长的工作、学习、生活中，弘扬中华传统美德，以传统文化对幼儿进行美的教育，使幼儿的心灵受到滋养和净化，成为爱祖国、爱民族、崇尚传统美德、传承传统文化的一代新人。

【课程预期目标】

1. 了解春节民间习俗，感受节日的特色。
2. 愿意分享、交流春节快乐的、有趣的事，大胆表达内心的情感。
3. 体验各类民间艺术、民间游戏活动，能用各种形式表达自己的新年感受。
4. 感受移风易俗的春节文明生活，弘扬中华传统美德。

【课程内容】

一、古早古年味

1. 古之美味。
2. 古之礼仪（贴对联、守岁、拜早年、穿新衣、接红包、吃长寿面等）。
3. 古之民间游戏。
4. 古之传统工艺（剪窗花、捏糖人、做花灯等）。

二、新春新风尚

1. 移风易俗我倡议。
2. 新春文化之旅。
3. 我的新年祝福。

三、我家过春节

1. "我的春节"绘画展、花灯展。
2. 辩论赛"怎样过节好"。

四、元宵喜乐会

1. 制花灯，赏花灯，游花灯，体验制灯、赏灯、猜灯谜的传统活动之乐。
2. 捏泥人、做糖人、吃糖葫芦，感受美美的年味。
3. 玩游戏、剪窗花、对对联，寄托美好的新年愿望。

【课程实施过程方案】

课程方案一:"萌娃闹元宵·幸福满鲤中"元宵游园会

春节的气氛还未减弱,元宵佳节即将来临。这是一个充满欢乐和温馨的节日。民间正月十五闹元宵已有悠久的历史,它伴随着春天的到来,是节日习俗体现得最彻底和典型的传统节日。为了让幼儿感受节日的喜庆和温暖,弘扬我国传统文化,培养幼儿动手能力,丰富幼儿的活动,趁着年味儿未散,我们将结合元宵这一喜庆传统节日,开展"萌娃闹元宵·幸福满鲤中"元宵游园会暨迎开学活动。

一、活动内容

"萌娃闹元宵·幸福满鲤中"元宵游园会。

二、活动预期目标

1. 了解元宵及乔迁的传统习俗,弘扬中国传统文化,增强幼儿对民族文化的兴趣。

2. 在活动中感受中华民族大家庭成员的互敬互爱,体验人与人之间的真情,学习用恰当的方式表达对他人的祝福和关爱,促进大集体相亲相爱的关系。

3. 感受热闹和开心的节日气氛,激发幼儿成长的自豪感和对生活热爱的情感。

4. 亲子积极参与集体活动,体验合作与亲子活动的快乐,促进家长与教师之间、幼儿与幼儿之间的互动与联系,增进彼此感情。

5. 参与幼儿园的环境创设,树立"幼儿园是我家"的主人翁精神。

三、活动时间

开学第一周。

四、活动准备

(一)经验准备

1. 寒假在家与家人共同寻找身边的年味,例如:参与大人的除尘清洁、做团圆饭、贴春联、备年货、出游等,感受、寻找身边的年味。

2. 对新园的环境基本熟悉，了解新园的布局。

3. 收集幼儿过年印象最深刻、最快乐的事件。

（二）物质准备

亲子花灯、灯笼、气球、对联、龙造型、大鼓等。

（三）空间环境布置

1. 门厅布置：各班幼儿彩绘的龙、福字的布置展板、宝贝厨房年味摆台、幼儿的亲子灯笼等。

2. 各班级：结合幼儿手工创设与元宵有关的热闹氛围。

五、亲子游园活动流程

1. 大班幼儿《双龙戏珠》。

2. 主持人出场。

3. 林副园长讲话。

4. 中班《上春山》。

5. 集体热身舞《团团圆圆》。

6. 陈副园长活动安全讲话。

◎安全及卫生要求：

（1）注意提醒家长在活动中遵守游戏规则；

（2）注意幼儿活动中的秩序，避免拥挤，防止滑倒和磕碰，及时疏导；

（3）注意保持活动场地的卫生。

六、活动安排

	活动项目	活动内容
周活动安排	户外活动	
	主题系列活动	元宵游园会
	集体活动	［社会］闹元宵（社会文化） ［艺术］做元宵、闹元宵（歌曲） ［健康］放鞭炮（动作发展） ［科学］年货分类、统计（数学）、元宵灯亮了（科学） ［语言］新年里最开心的那些事（系列谈话活动）

(续表)

<table>
<tr><td rowspan="10">周活动安排</td><td rowspan="5">活动区游戏</td><td rowspan="2">表现性</td><td>[表演区] 我们的春晚、拜年啦
[建构区] 春节的兰溪公园、春节的鲤中步行街
[装扮区] 春节的照相馆、理发店、超市
[美工区] 元宵花灯</td></tr>
<tr><td>探索性</td><td>[数学区] 年俗食品大集合、糖葫芦串
[科学区] 舌尖上的美味年货</td></tr>
<tr><td>欣赏性</td><td>[阅读区] 闹元宵、《我的春节》等各种绘本、相册
[展示区] 各种花灯图片、各地过春节的习俗图片</td></tr>
<tr><td>运动性</td><td>体验室内、桌面民间游戏</td></tr>
<tr><td colspan="2">生活活动</td><td>能早睡早起，逐渐恢复、适应幼儿园新学期生活作息规律。</td></tr>
<tr><td colspan="2">家园共育</td><td>1. 帮助幼儿调整作息，早睡早起，不迟到；
2. 与幼儿谈论有关过年趣事、元宵的话题，从家庭、幼儿园等地继续感受年味。</td></tr>
<tr><td colspan="2">班级环境创设</td><td>和幼儿共同布置元宵节氛围。</td></tr>
<tr><td colspan="2">备注</td><td>亲子游园活动周五下午举行。
各年龄段幼儿根据班级实际情况，选择或增、删相关集体活动及游戏活动。</td></tr>
</table>

七、活动片段

元宵，是一年中第一个月圆之夜，加上吃元宵的习俗，这个节日就和"团圆"两个字牢牢地联系起来。莆田有着全国最长、最火、最热的元宵节，从正月初三到二月初二，每个村镇都有自己独特的闹元宵的方式。趁着正月年味未散，我们邀请家长和孩子们齐聚幼儿园，举行"萌娃闹元宵·幸福满鲤中"亲子游园活动。让亲子在参与民间传统游戏、体验元宵习俗中继续感受欢腾热闹的节日气氛。

1. "我的春节"花灯展。

宝贝们在寒假里就和爸爸妈妈设计了游园会中的"灯笼""窗花剪纸"等,他们兴高采烈地将自己的作品带来装点游园会现场。

2. 大班辩论赛："怎样过节好。"

3. "我的游园计划。"

游园会活动项目那么多,要怎样安排好时间逛才不会无从下手呢?瞧!中大班的孩子们分小组一起商量讨论:怎样和家长一起玩最多的游戏?怎样兑换到最喜欢的美食、礼品呢?如何能做好安全防护……

中大班的宝贝们通过照片熟悉了解游园会的项目和内容,制订了自己心中的游园计划。

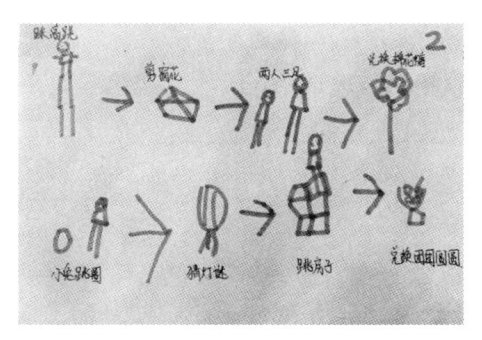

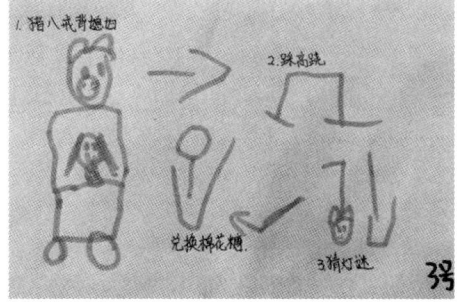

4. 齐动手共筹备。

游园会开始前，教师鼓励幼儿自主收集游园会的信息，一起参与布置现场。瞧！他们搬桌椅、摆道具、搭展板……大家齐动手，共同为即将开始的游园会营造热闹、喜庆的氛围。

5. 亲子游园会，幸福满鲤中。

期待已久的游园会终于到啦！伴随着园内喜庆的氛围，家长们红衣打扮，准时赴约和宝贝们一起参加活动！

《双龙戏珠》——大班段

大班的孩子们，利用短短几天时间紧锣密鼓地训练，为大家舞出了两条活灵活现的龙，舞出了龙族的精气神，祝愿小朋友们龙年生龙活虎！

新衣走秀《上春山》

中班宝贝们提着精致的灯笼，踩着自信的步伐新装上阵，为家人们带来一波自信、活力的新衣走秀，展示了新年新希望！

游园喽

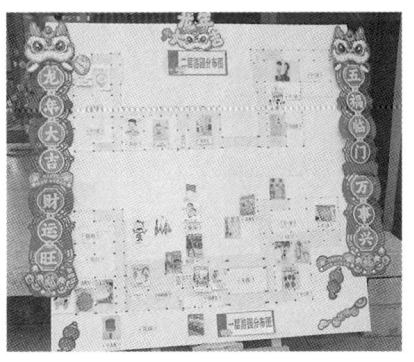

拿着游戏卡出发了　　　老师们贴心地设计了游玩地图，放肆游玩不迷路

甜蜜的元宵、糖画、糖葫芦，感受美美的年味，精致的花灯、泥人、窗花，寄托美好的新年愿望……不仅反映了一个大家庭的温馨合作，更蕴含了中国传统文化的深厚底蕴，寄托着老师、家长和孩子们对新年生活的美好期盼。

编花篮 　　　　　猜灯谜 　　　　　踩高跷

斗鸡 　　　　　剪窗花 　　　　　两人三足

第一篇章　与四季同行　　13

蹴鞠 　　　　　　　　　　　保龄球

弹珠 　　　　　　　　　　　赶鸡

蒙眼敲福 　　套圈 　　踢毽子 　　贴鼻子

投壶　　　　　　　　跳皮筋

跳房子　　　　　　　滚铁环

猪八戒背媳妇

第一篇章　与四季同行　　15

纸杯夹球　　　　　　　　　小兔跳圈

有的玩，有的吃，今天真是很过瘾

宝贝们在感知、体验中，加深了对传统节日"元宵节"的认识，知道了元宵节的民俗文化，感受到了元宵节热闹、喜庆的气氛，激发了热爱传统文化的美好情感。

课程方案二：开学五天乐

伴随着元宵节游灯踩街的喧闹，幼儿园迎来了新学期的开始。阳光明媚，牵手三月的春风，幼儿园的孩子们开演了"开学五天乐"开门大戏。春风十里拂面中，我们延续着年的欢乐与喜庆，品味着中华传统文化的独特魅力，更是发起"树文明新风，行文明行为，做文明志愿者"的新时代移风易俗倡议。孩子们在丰富多彩的各类活动中了解中国的民间习俗，感受中国传统文化的独特，萌发作为中国人的自豪感，感受移风易俗的社会背景，开启文明生活新风尚！

一、活动内容

系列主题活动"开学五天乐"。

二、活动预期目标

1. 了解中国民间习俗及民间游戏，感受中国之大之美，萌发做中国人的自豪感。

2. 制花灯，赏花灯，体验制灯、赏灯、猜谜的传统活动之乐。

3. 乐意与周围的人进行情感交流，能大胆地用自己的方式表达内心的喜悦。

4. 感受新年俗，文明生活，能做到节约不浪费。

三、活动时间

开学第一周。

四、活动准备

（一）经验准备

1. 观看春节联欢晚会、春节七天乐等综艺节目。

2. 请家长在春节放假期间带领孩子感受当地的新年氛围及民间习俗。

3. 收集各地习俗资料，了解各地年俗活动。

（二）物质准备

根据系列活动的开展，每天创设相关的园部大节日环境：

1. 年味食品——春节年俗食品展示。

2. "新年俗"——移风易俗图片展示。

3. 春节民间习俗图片展。

4. 民间游戏材料。

5. 元宵花灯灯谜展。

（三）空间环境准备

1. 展台布置。

2. 粘贴对联。

3. 花灯展。

五、活动流程

第一天：年味食品展示。

第二天：移风易俗图片展示。

第三天：新年民间习俗图片展示。

第四天：民间游戏大展示。

第五天：大带小"喜乐元宵会"。

六、活动安排

大班相关教育活动安排

	活动项目	活动内容
周活动安排	户外活动	民间游戏
	主题系列活动	"新年新气象·开学五天乐"
	集体活动	［健康］民间游戏乐趣多 ［社会］浓浓的年味、热闹的元宵节（社会文化） ［语言］移风易俗我们怎么做？（谈话活动） ［艺术］闹花灯（节奏） ［社会］欢乐中国年（社会文化）
	活动区游戏 表现性	［建构区］元宵花灯、春节的步行街
	探索性	［数学区］各种各样的年货（统计与分类） ［科学区］节日棋、欢乐中国年之旅
	欣赏性	［阅读区］有趣的方言童谣、春节趣事、拜年啦、各地年俗 ［美工区］我的元宵灯、剪窗花、泥工、我的春节、热闹的街市（绘画）
	运动性	好玩的民间游戏
	生活活动	1. 调整幼儿作息时间，养成早睡早起的良好生活习惯。 2. 懂得粮食来之不易，要爱惜粮食不浪费。 3. 知道雷锋精神，能积极地做好事。
	家园共育	1. 调整作息时间，养成早睡早起的习惯，坚持按时来园。 2. 和孩子共同收集各地的春节习俗，聊聊过春节的感受。 3. 共同收集民间游戏，在班级进行分享交流。 4. 亲子制作灯笼布置幼儿园。 5. 和孩子一起共同参与"开学五天乐"课程建构活动。
	班级环境创设	1. 将孩子们完成的元宵灯笼布置在教室里。 2. 丰富区域材料。 3. 创设"开学五天乐"主题墙。

(续表)

周活动安排	备注	1. 周一上午国旗下讲话；周一下午召开期初家长会。 2. 周三上午民间游戏展示。 3. 周五下午全园"喜乐元宵会"活动。 4. 周五晚上彩灯游街活动。 5. 班级根据实际情况适当增、删活动。

中班相关教育活动安排

	活动项目		活动内容建议
周活动安排	户外活动		民间游戏
	主题系列活动		新年新气象·开学五天乐
	集体活动		［语言］我爱仙游美食（谈话活动） ［语言］猜灯谜（听说游戏） ［社会］新年快乐多（综合活动） ［艺术］大家来看灯（唱歌）
	活动区游戏	表现性	［美工区］花灯（手工）、花儿朵朵（折纸）、快乐的春节（绘画）
		探索性	［数学区］超市 ［科学区］味道配配对、找声音、各种各样的花灯
		欣赏性	［阅读区］年的故事（阅读）、快乐元宵、猜灯谜
		运动性	民间游戏
	生活活动		1. 宽容待人，有关爱他人的意识，初步建立以"学习雷锋"为荣的观念。 2. 能爱惜粮食，养成不浪费的习惯。
	家园共育		1. 丰富幼儿对春节相关民俗的认识，和孩子一起共同参与"开学五天乐"课程建构活动。 2. 共同收集民间游戏，在班级进行分享交流。 3. 帮助幼儿认识雷锋，了解雷锋行为。

(续表)

周活动安排	班级环境创设	在主题墙上粘贴幼儿带来的有关民俗的照片、图片等，展示幼儿在活动中的一些发现、疑问和各种体验活动的照片。投放各种仙游民间小吃的实物和图片，供幼儿品尝和欣赏。
	备注	1. 周一上午国旗下讲话；周一下午家长会。 2. 周三下午民间游戏展示。 3. 周五下午"元宵喜乐会"亲子活动。 4. 周五晚上彩灯游街活动。 5. 班级根据实际情况适当增、删活动。

小班相关教育活动安排

	活动项目		活动内容
周活动安排	户外活动		民间游戏
	主题系列活动		新年新气象·开学五天乐
	集体活动		［语言］快乐的春节（谈话活动） ［健康］丢手绢（体游） ［艺术］元宵花灯（欣赏活动） ［艺术］卖汤圆（歌唱活动）
	活动区游戏	表现性	［装扮区］超市、照相馆 ［建构区］春节我的家 ［表演区］金色的小房子、小熊请客 ［美工区］做花灯（手工）
		探索性	［科学区］我喜欢吃的年货、挑小棒 ［数学区］春节逛超市、我家的客人
		欣赏性	［展示区］各式各样的灯笼、过年的照片 ［阅读区］年的故事、我的春节相册
		运动性	民间游戏

(续表)

周活动安排	生活活动	新年新风尚——养成节约粮食不浪费的好习惯。
	家园共育	1. 家长与孩子一起制作灯笼，参加猜灯谜亲子活动。 2. 配合引导幼儿愉快来园，尽快恢复正常集体生活。 3. 共同收集民间游戏，在班级进行分享交流。 4. 请家长监督幼儿在家不得燃放烟花爆竹。
	班级环境创设	创设元宵节环境；投放各种仙游民间小吃的实物和图片，供幼儿品尝与观察。
	备注	1. 周一上午国旗下讲话；周一下午家长会。 2. 周四上午民间游戏。 3. 周五下午"元宵喜乐会"活动。 4. 周五晚上彩灯游街活动。 5. 班级根据实际情况适当增、删活动。

七、活动片段

（一）第一天：年之味——"古早古年味——传统习俗"

哇，这就是我们过年的时候的特色点心呀，好想尝一尝。

（二）第二天：年之新——"移风易俗图片展——新风新俗"

结合孩子们过年所见所闻，积极倡导从"我"做起，把移风易俗精神牢记心中。

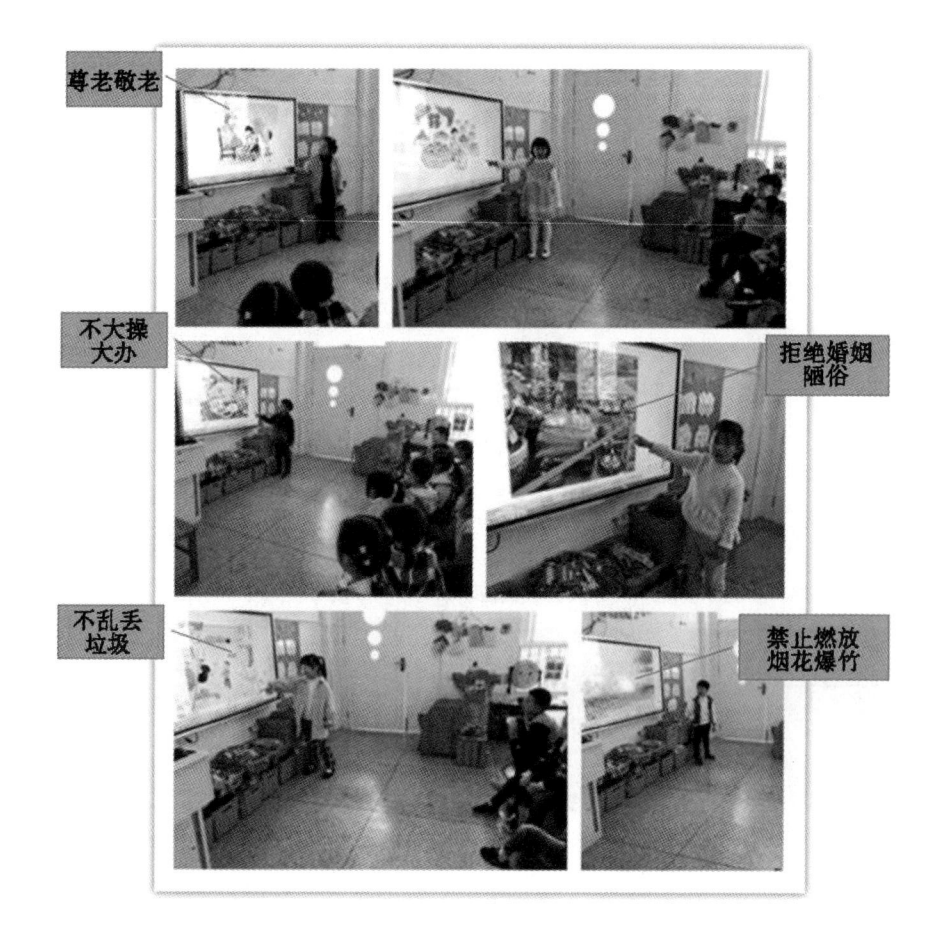

尊老敬老

不大操大办

拒绝婚姻陋俗

不乱丢垃圾

禁止燃放烟花爆竹

> 今年过年的时候，我们去老家看爷爷奶奶了，他们可高兴了。今年禁止放鞭炮，我再也不用怕了。过年有许多的垃圾，我们都是扔到垃圾桶里，厨余垃圾汁没有滴到马路上。现在家里每餐剩菜不多，吃完了再买。文明过节，孩子们都知道！

第一篇章　与四季同行　　23

2018
新年，新旅程
HAVING A GOOD TRIP

拍摄路上精彩的瞬间。

新的旅程正在开始。

> 今年过年，我们出去旅行。我看到很多漂亮的风景，其他地方的过年习俗和我们有些不一样，不过都好热闹！

（三）第三天：年之仪——"过年习俗和礼仪图片展"

（四）第四天：年之乐——"民间游戏大荟萃"

1. "我喜欢的民间游戏"调查问卷：通过剪贴、绘画等方式，表述民间游戏的玩法和规则。

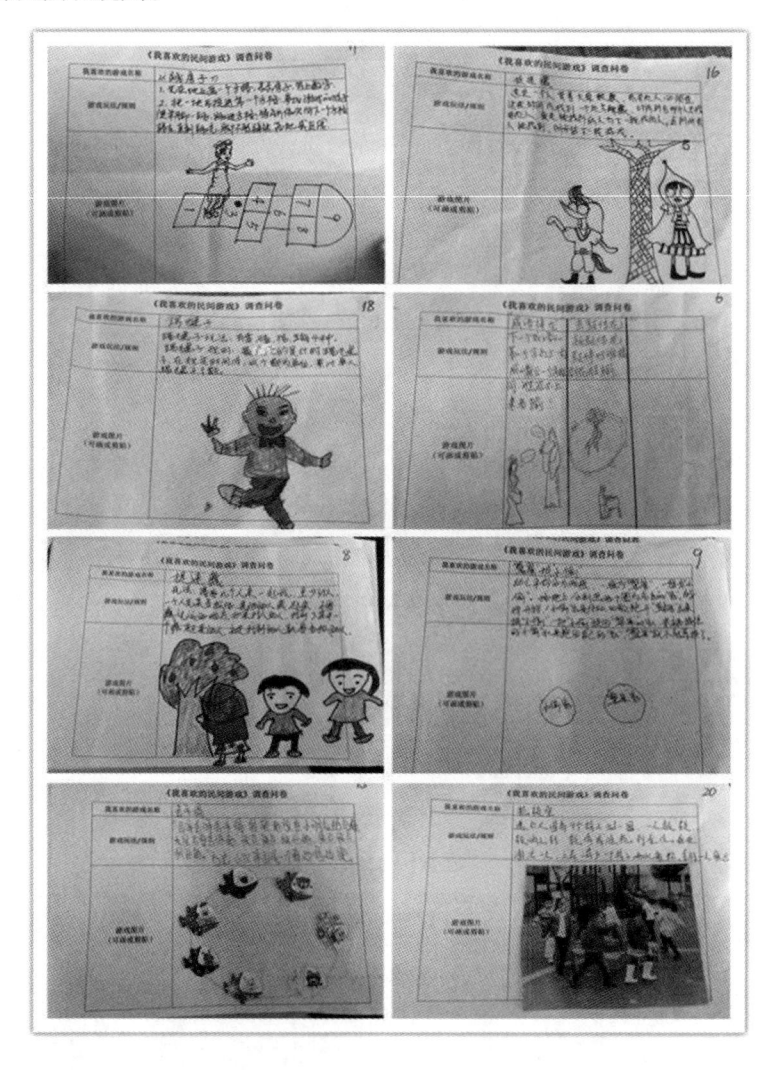

2. 解说自己的问卷：孩子们大大方方地向他人介绍自己喜欢的民间游戏，并讲述游戏规则。在解说的过程中，孩子们发展了语言表达能力，同时收获成就感。

3. 体验各项民间游戏：尝试各种民间游戏，通过玩民间游戏，感受游戏中规则的重要性，体验各项民间游戏带来的快乐。

4. 投票选出喜欢的民间游戏：每个班的孩子们，在尝试玩各种民间游戏之后，用小红花投票选出自己喜欢的游戏，最后票数最多的游戏代表班级向全园展示。

5. 投票选出"我最喜欢的民间游戏"：全体小朋友在欣赏各班分享的"最喜欢的民间游戏"之后，再投票选出全园小朋友最喜欢的民间游戏。在扩展了幼儿对民间游戏多样有趣的认识的同时，也充分体现了幼儿游戏的自主权、自由权。

各班孩子展示自己班级选出的最好玩的民间游戏，老师们也选出了她们的民间游戏在操场上展示。游戏展示后，孩子们就要选出心目中最好玩的游戏，作为"喜乐元宵会"的游戏项目。

孩子们在认真地考虑：要选哪个民间游戏？

（五）第五天：年之汇——"喜乐元宵会"

"赏花灯、猜灯谜"是元宵节的传统习俗，我们的"元宵喜乐会"把"开学五天乐"活动推向高潮！此次展出的各种式样的花灯出自家长和孩子们的灵巧之手。有生肖灯、有绣球灯、有宫灯、有莲花灯……五彩斑斓的"花灯"悬挂着各式的谜语随风摆动。各式各样的花灯，体现了家长和孩子们的无限创意，受到了大家的喜爱。

快看，开始布置花灯展和场地咯～好期待呀！

下午3点后，陆续有家长带领孩子进入大厅。孩子们精心制作的各式各样的灯笼装点了整个操场，在爸爸、妈妈、爷爷、奶奶的陪同下，孩子们欣赏自己亲手制作的花灯，猜灯谜，徜徉在五彩缤纷的花灯海洋中，感受着元宵节欢乐、喜庆、祥和的气氛。

操场上玩得热火朝天，快去看看。

经过全园小朋友的投票，老师、家长们童年时代玩过的"红灯绿灯小白灯""坐轿""老鹰捉小鸡"三个游戏成为今天"喜乐大团圆"受欢迎的项目，家长们也忍不住加入了游戏，仿佛又回到了小时候的天真烂漫。全场一片欢声笑语！

小朋友们正在"坐轿"，别看他们个子小，可玩起游戏来都使足了劲。

灯谜"猜中有奖"！而今年的这个奖也别出心裁——兑"糖人"，一边欣赏民间艺人精湛的画糖人艺术，一边品着嘎嘣脆的糖人，真是甜到了心里。而"糖葫芦"兑奖处，孩子们必须按要求，随机抽出竹签桶里的竹签，数出签上的点数，点数过关，"糖葫芦"才兑换成功，挑战与成功相连，刺激又惊喜……

赏花灯、猜灯谜、玩游戏、收礼物、品糖人、吃糖葫芦，古老的手艺吸引孩子们惊奇的注目，勾起家长们儿时的回忆，带来别样的幸福，家长和孩子们纯真的笑容是我们最大的收获。老师们青春的笑容为校园添上了浓墨重彩的一笔。

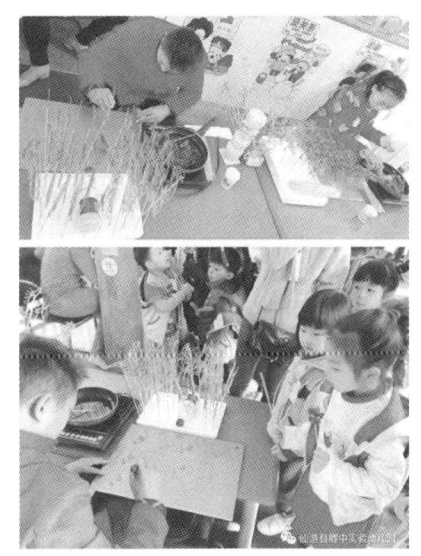

　　"新年新气象·开学五天乐"就这样伴随着孩子们，带着甜甜的年味、美美的心情，揣着圆圆的祝福、满满的期望，开启了新学期的新生活！梦想再次起航……

课程方案三：新春话新俗

年俗是人们行为方式中约定俗成的做法，是一种行为文化。影响它的最主要因素是人们生活方式的变化，新的生活方式自然会产生新的年俗习惯，但是无论新旧都寄托了人们的美好愿望、体现过节的文化气氛。近几年，中国各地兴起众多"新年俗"：网购年货、春运"逆向迁徙"、微信"抢红包"、家人同看老电影……尽管"新年俗"形形色色，但是年俗万变不离其宗，追求团团圆圆、和和美美，是过年不变的主题。

一、活动内容

新春话新俗。

二、活动预期目标

1. 积极参与"文明过节"时代新风尚活动，感受不一样的新"年俗"。
2. 大胆体验春节过节礼仪，感受节日的文化氛围。
3. 关注春节习俗活动安全问题，积累安全过春节的生活经验。

三、活动准备

（一）经验准备

1. 关注新年对联：能记住至少一副对联，能用文明的语言与亲朋好友交流，对亲朋好友说祝福语。鼓励幼儿尝试创编简单的对联。
2. 收集过年图片：每个家庭收集过年图片2—3张（内容可以是幼儿参与扫尘、制作年糕、置办年货、吃团圆饭、走亲访友拜年、外出游玩等等）。
3. 提升人际交往能力：利用走亲访友、外出游玩的机会，支持孩子多和同伴交流，提升沟通能力、解决问题的能力，增强自信心。

（二）物质准备

1. 春节年货展。
2. "各地年俗及我家过春节"图片展、绘画展；"移风易俗"展板展示。
3. 亲子灯笼展。
4. 购物计划、购物记录板。
5. "文明礼貌倡议书""学雷锋倡议书"。

（三）空间环境准备

1. "新年新衣服"亲子走秀舞台。

2. 民间游戏区。

3. 民间习俗区——对联对歌处、剪窗花区、写对联台。

四、活动时间

开学第一、二周。

五、活动流程

第一周：祝福乐

1. 丰盛的年货。

——识年货、品年货。

——购物畅想。

——勤俭节约"善生活"。

2. 春节的祝福。

——对联祝福语。

——拜年祝福语。

——微信祝福语。

——日历祝福语。

3. 丰富多彩的各地"新年俗"。

——全园"民间游戏"秀。

——各地年俗看透透。

——大班段"我家过春节"辩论赛。

——中班段"对歌赛"。

——分发"红包"（文明礼貌倡议书）。

——分发学雷锋倡议书。

第二周：玩玩乐

1. 有趣的民间游戏秀。

——班级秀。

——年段秀。

2. 新年新貌。

——小班段幼儿亲子"新衣秀"。

3. 吃、喝、玩、乐亲子"游园会"。

摊位一：冰糖葫芦。

摊位二：棉花糖。

摊位三：捏泥人。

摊位四：年年有鱼（包含：品尝美味的鱼、捞鱼、手工制作鱼）。

摊位五：彩绘面具。

摊位六：搓汤圆。

摊位七：对歌赛。

摊位八：说春联、写春联、送福字。

摊位九：莆仙戏。

摊位十：民间游戏。

摊位十一：玩水区放花灯。

摊位十二：剪窗花。

六、活动安排

大班相关教育活动安排（第一周）

	活动项目		活动内容
周活动安排	户外活动		各类民间游戏
	集体活动		[语言] 辩论赛：春节的习俗
			[艺术]《漂亮的灯笼》（欣赏）
			[社会] 我是春节小主人和小客人（社会文化）
			[科学] 年俗大汇聚（集合）
			[综合活动] 我的购物计划
	活动区游戏	表现性	[美工区] 漂亮的灯笼、年夜饭、美丽的拉花
			[表演区] 舞龙舞狮闹元宵
			[装扮区] 过年新衣秀
		探索性	[科学区] 各地年俗大统计、传统节日棋
			[数学区] 爱心月历、购物计划
			[生活操作区] 翻绳游戏、挑小棒、晾晒衣
		欣赏性	[语言区] 新年的祝福语、闹元宵、春节的旅行、全家福
		运动性	班级民间游戏

(续表)

周活动安排	生活活动	能够养成定时入睡、起床的习惯。
	家园共育	1. 帮助幼儿养成有规律的作息习惯，并能够独立进行睡前及起床后的整理。 2. 请家长利用周末的时间带幼儿去超市，在体验购物的过程，学习如何计划、安排。
	班级环境创设	与幼儿一起收集春节的照片以及亲子灯笼作品，并布置成展板。
	备注	1. 利用散步时间带领幼儿欣赏幼儿园花灯展、年货展、春节图片展、绘画展。 2. 区域游戏及集体教学内容根据班级实际情况适当增、删。

大班相关教育活动安排（第二周）

周活动安排	活动项目		活动内容
	户外活动		各类民间游戏
	集体活动		［综合活动］我喜爱的民间游戏 ［语言］我家看春晚（谈话） ［健康］不挤也不抢（安全） ［艺术］舞龙舞狮（舞蹈） ［科学］节日健康饮食
	活动区游戏	表现性	［美工区］剪窗花、漂亮的灯笼、年夜饭、春节的服装 ［表演区］舞龙舞狮闹元宵 ［装扮区］过年新衣秀
		探索性	［科学区］元宵灯亮了、传统节日棋 ［数学区］爱心月历、购物计划 ［生活操作区］翻绳游戏、挑小棒
		欣赏性	［语言区］新年祝福语、闹元宵、我喜欢的民间游戏、春节的旅行、全家福
		运动性	班级民间游戏

(续表)

周活动安排	生活活动	学会游园礼仪（维持公共卫生、不乱扔垃圾、维持公共秩序），培养幼儿良好的社会公德意识。
	家园共育	家长引导幼儿养成爱护公共卫生的习惯，不随地吐痰、不乱扔垃圾、不踩踏草坪，如遇到不爱护环境的行为，能有礼貌地提醒。
	班级环境创设	与幼儿一起布置开学迎春主题墙。
	备注	1. 周三下午组织大班段幼儿外出购物；周五下午元宵喜乐会。 2. 区域游戏及集体教学内容根据班级实际情况适当增、删。

中班相关教育活动安排（第一周）

	活动项目		活动内容
周活动安排	户外活动		各类民间游戏
	集体活动		［语言］我家这样过春节（谈话活动）
			［社会］我知道的元宵节（传统文化）
			［艺术］我喜欢的商店（绘画）
			［科学］挂灯笼（排序）
	活动区游戏	表现性	［装扮区］超市、照相馆
			［建构区］春节我的家
			［表演区］拜年啦、祝寿
			［美工区］做花灯（手工）、年夜饭（泥工）
		探索性	［科学区］挂灯笼、棋子比大小、年货味道美
			［数学区］年货分类、整理商店
			［生活操作区］包装年货、茶叶店
		欣赏性	［阅读区］我的祖国、春节童谣、我的好朋友
		运动性	班级民间游戏
	生活活动		睡觉前要将自己的衣物整理好放整齐。
	家园共育		1. 家长与幼儿制作亲子花灯。 2. 家长与幼儿共同收集有关新年的照片。
	班级环境创设		元宵节主题环境创设。
	备注		1. 周四下午带领幼儿参观社区周边的商店。 2. 区域游戏及集体教学根据班级实际情况适当增、删。

中班相关教育活动安排（第二周）

周活动安排	活动项目		活动内容
	户外活动		各类民间游戏
	集体活动		［社会］欢乐元宵节（传统文化） ［艺术］元宵节（歌唱） ［语言］有趣的对对歌（文学活动） ［艺术］漂亮的花灯（手工）
	活动区游戏	表现性	［装扮区］超市、照相馆 ［建构区］春节我的家 ［表演区］拜年、祝寿啦 ［美工区］做花灯（手工）、年夜饭（泥工）
		探索性	［科学区］挂灯笼、棋子比大小、形状分类 ［沙水区］玩沙玩水 ［生活操作区］包装年货、茶叶店
		欣赏性	［阅读区］元宵节的来历、新年好 ［展示区］漂亮的花灯、可爱的小鱼
		运动性	班级民间游戏
	生活活动		睡觉前要将自己的衣物整理好放整齐。
	家园共育		家长与幼儿共同收集有关元宵的习俗资料和照片。
	班级环境创设		元宵节环境布置。
	备注		1. 周五下午亲子游园会。 2. 区域游戏及集体教学根据班级实际情况适当增、删。

小班相关教育活动安排（第一周）

周活动安排	活动项目	活动内容
	户外运动	各类民间游戏
	集体活动	［语言］我的春节（谈话活动） ［健康］躲开危险（安全） ［社会］爱惜粮食，不浪费（文明礼仪）

(续表)

周活动安排	活动区游戏	表现性	[美工区] 花灯会、漂亮的新衣服 [装扮区] 给娃娃穿新年的衣服、春节的娃娃家 [建构区] 漂亮的家
		探索性	[生活操作区] 我是小主人、项链 [科学区] 不一样的声音、好吃的年味 [数学区] 我家来客人、新年礼物 [种植区] 水仙花、金橘树、各种小盆栽
		欣赏性	[阅读区] 快乐的元宵节、过年的照片 [展示区] 各种各样的灯笼、过年的照片
		运动性	班级民间游戏
	生活活动		1. 新学期，能以愉快的情绪融入幼儿园，参与一日活动。 2. 能养成良好的安全意识。
	家园共育		1. 请家长与孩子一起制作灯笼，过年出去玩的照片发送给老师。 2. 配合引导幼儿愉快来园，尽快恢复正常集体生活。
	班级环境创设		元宵班级环境创设。
	备注		区域游戏及集体教学根据班级实际情况适当增、删。

小班相关教育活动安排（第二周）

周活动安排	活动项目		活动内容
	户外活动		各类民间游戏
	集体活动		[艺术] 新衣走秀（韵律） [健康] 民间游戏大体验 [语言] 快乐的元宵节（谈话活动）
	活动区游戏	表现性	[美工区] 花灯会 [建构区] 汽车、马路上、小动物
		探索性	[生活操作区] 夹一夹、串珠 [科学区] 摸箱、不一样的声音 [种植区] 我的小盆栽、照顾小金鱼

(续表)

周活动安排	活动区游戏	欣赏性	［阅读区］快乐的元宵节、我的相册 ［展示区］各种各样的灯笼、过年的照片
		运动性	［固定器械区］滑滑梯、独木桥 ［可移动运动器材区］钻圈、打地鼠、袋鼠跳 ［自然游戏区］树屋、菜园、游戏区
	生活活动	1. 新学期，能以愉快的情绪融入幼儿园，参与一日活动。 2. 能安静入睡，并养成睡前整理好衣物摆在固定位置的习惯。 3. 能养成良好的安全意识。
	家园共育	1. 丰富幼儿对民间游戏的认识。 2. 配合引导幼儿愉快来园，尽快恢复正常集体生活。
	班级环境创设	1. 班级环境创设。 2. "游园活动"门厅布置。
	备注	1. 周五下午亲子游园会。 2. 区域游戏及集体教学内容根据实际情况适当增、删。

七、活动片段

（一）新年乐

（二）我的购物计划

在"新春话新俗"活动开展的过程中，春节的喜庆热闹仍然包围着我们，为了帮助幼儿体会文明节俭过新年的新风新俗，我们带孩子走进社区开展购物活动。购物的过程，孩子们做计划，根据生活实际需要，合理利用压岁钱，活动全程幼儿自主开展。

孩子们在家长手中获得了十元的压岁钱，开始了各自的花钱计划。在不断修改的计划中，体现了孩子们对钱的使用的纠结，孩子们学习如何合理分配金钱；在取舍中明白生活的不易，感恩父母的付出，懂得节俭生活的必要，形成节俭生活的文明风尚意识。

通过投票来决定购物前往哪几个商家。

我的购物计划		班级：	购物员：
里面有哪些区？（请把你喜欢的区描述下来。）	你想用你的 买什么物品？为什么要买这个物品？		你觉得会花费多少钱？

（三）我的购物体验

精品店中几个女孩，在认真比较玩具的不同和价格，希望能买到自己喜爱的物品。

书店中的小书虫在认真翻阅自己喜欢的图书，选好物品排队付钱，遵守社会规则的孩子棒棒哒！

奶茶店前，我们一起看看各种奶茶的价格吧。哦，有点贵，我们能不能凑钱买呢？

经过一番的体验，有的孩子满载而归，有的孩子满脸沮丧，在体验中真正感受到自己购物的乐趣，懂得了该如何合理分配金钱，将钱用到该用的地方，我们一起来谈谈购物的感受吧！

在活动过程中，我们将学习和幼儿的实际生活经验结合起来，为幼儿提供了一次社会实践的机会。在实践活动的过程中，孩子有足够的自由活动空间，可以按照自己的意愿进行购买，积极性特别高，同伴间也有了足够的交流，通过观察、谈话、实践等活动，主动参与、主动探索，在与人、事、物产生交互作用的过程中，学会发现问题，解决问题，从而获得了有意义真生活的学习。例如：有一组孩子去肯德基，面对肯德基的汉堡，价钱昂贵，而自己只带了10块钱，要怎样才能买到自己喜欢吃的东西呢？有个孩子说："我们每个人的钱只有10块，但是几个人加起来就不只10块了，我们可以合着一起买，一起分享。"一个孩子单独买东西，问她买来干什么，她说买来送给弟弟的，因为妈妈不肯给弟弟买玩具。其他小朋友看到了，都争先恐后跑来跟我说："老师，我也是买给他的，不是给自己买。"在这次外出实践活动中，孩子们在运用语言跟服务员进行交流的同时，也在发展着人际交往能力、理解他人和判断交往情境的能力、组织自己思想的能力。通过语言获取信息，孩子们的学习逐步超越个体的直接感知。通过买东西，孩子们理解了数与数之间的关系，并用"加"或"减"的办法来解决问题。在运用数学解决实际生活问题的过程中，不仅获得丰富的感性经验，充分发展形象思维，也为其他领域的深入学习奠定基础。在购物过程中，我们也发现幼儿没有正确的消费观念，所以在接下来的活动中我们将会与家长共同合作，继续开展"如何正确引导幼儿的消费观"活动，坚决纠正大手大脚花钱

的习惯，并让孩子认识到生活俭朴、不求奢华是中华民族的传统美德，让孩子从小学会合理消费和理性消费。

（四）民间游戏体验

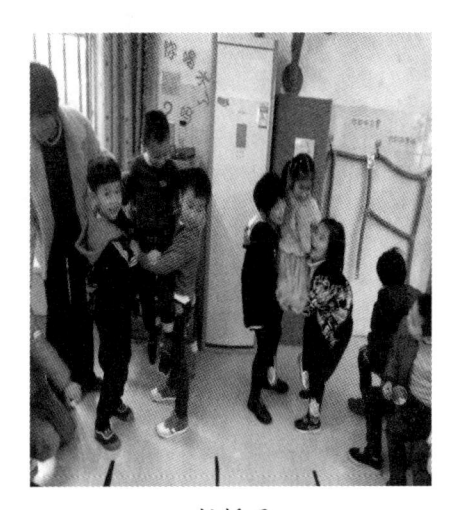

抬轿子 　　　　　　　　　　小鱼游啊游

投票选出自己最喜欢的游戏

（五）"元宵喜乐会"活动

小班孩子的新衣秀！这是过年穿的新衣服哦，可漂亮了！秀一秀，我们可不怕上台，因为，我长大了，大一岁了！

亲子制作彩鱼，寓意"年年有余"，祝福我们的新年新生活越来越美好！钓鱼游戏，预示我们的生活天天有"鱼"！

彩绘面具

说春联、写春联、剪窗花，民间习俗蕴含的美好祝福，年年有，年年吸引人！

夏 之 篇

成长系列活动

【课程意图】

　　炎炎夏日，万物生机勃勃：植物竞相开花结果；晨练的人们，迎着朝阳，展示生命的力量；孩子们穿着背心短裤，光着脚丫，撒欢地跳着笑着，那被阳光晒黑的脸庞带着惊喜与快乐，洒落串串的笑声，生命如夏日的骄阳，熠熠生辉，又如夏日的荷花，含苞待放。

　　走进夏天，我们迎来了孩子们人生的第一个毕业季。在夏的篇章里，我们以成长为主线，结合父亲节、端午节以及大班毕业季开展"爱的呵护""生命的力量""成长的快乐""希望的飞翔"四个系列活动，带领孩子们展开毕业季的回忆与展望，用希望编织的彩带，把美好的过去和未来串联起来，体味到成长在妈妈的呵护里，在爸爸的力量中，在老师、同伴的一路陪伴中。成长的快乐是因为有爱自己的爸爸妈妈，能与伙伴们尽情游戏、尽情欢笑；成长的快乐是因为能够放飞心中最甜蜜、温暖的幻想，绽放属于自己的独特的时光。

　　在这个篇章中，我们要和孩子们一起，走进甜蜜与芬芳，犹如母亲般温暖；走进蓬勃与力量，犹如父亲般坚韧；走进生命与成长，播撒希望。六月里，我们将激发孩子们对成长的幸福感悟，对未来生活的渴望与憧憬，如雏鹰展翅翱翔……

【课程预期目标】

1. 了解妈妈的艰辛，懂得体贴、关爱妈妈，会为妈妈做一件有意义的事情。

2. 理解爸爸的工作，感受爸爸带来的力量，大胆表达对爸爸的爱。

3. 回顾成长的过程，享受快乐的气氛，乐于表达与分享。

4. 学会基本的生活能力和自我服务能力，知道自己长大了。

5. 感受成长道路上来自父母、老师和同伴爱的陪伴，体验浓浓的亲情与友情。

6. 感恩生活，享受亲情，感受幼儿园大家庭的爱，感受自己的幸福成长。

【课程内容】

一、爱的呵护

1. 护蛋倡议书。

2. 护蛋大行动·用心悟母爱。

3. 花香满园·感恩母爱。

——我的好妈妈。

——送给妈妈的礼物（妈妈的小提包、妈妈的花裙子）。

——妈妈请喝茶。

——插花。

4. 我和妈妈做游戏（妈妈我想对你说、蒙眼找妈妈、妈妈的歌）。

5. 妈妈厨艺大比拼。

二、生命的力量

1. 端午节系列活动。

——赛龙舟。

——打水仗。

——包粽子、斗蛋。

——挂菖蒲、蒿草、艾叶，薰苍术、白芷，喝雄黄酒。

2. 父亲节系列活动。

——爸爸本领大（爸爸是医生、老师、警察、建筑师……）。

——游戏中的爸爸（寻宝、轮胎接力赛、拔河、搭桥过河、我的爸爸是超人)。

——舞台上的爸爸。

——给爸爸的礼物(亲亲爸爸、我当一天的爸爸、奖杯、领带、帽子等)。

三、成长的快乐

1. 我们与水的约定(泼水节、游泳去)。

2. 能干的我。

——能干的小手(自理能力比赛、清洁日、我是小小志愿者、我是小园丁)。

——我的生活我做主(系列自主活动、生活展览)

3. 我的六一我做主。

——自主游戏(红灯绿灯小白灯、斗鸡、抢椅子、运球过河、吹乒乓球等)

——电影乐翻天(露天电影)

——自助美食(水果拼盘、蔬果沙拉、鲜榨果汁、特色小吃等)

4. 爱我的人们(爸爸、妈妈、老师、同伴们、门房的保安、厨房里的阿姨、小区里的邻居等)。

四、希望的飞翔

1. 毕业季。

——参观小学。

——我当小学生。

——我心目中的小学。

——毕业典礼。

2. 畅想未来。

——心中的梦想。

——劳动小标兵。

——长大后的自己。

3. 友谊地久天长。

——露营活动。

——外出郊游。

——毕业微电影。

【课程实施过程方案】

课程方案一：爱的呵护——"花香满园·感恩母爱"

你是否记得母鸡育雏的情景？母鸡啄食喂小鸡，顾不得自食，小鸡紧贴在母鸡温暖的胸腹下休息，母鸡展开翅膀，为小鸡挡风遮雨……是的，孩子的成长最少不了的就是妈妈的陪伴与呵护。母爱是人世间最纯真的爱，无论是对家庭，还是对孩子，妈妈总是在默默付出，用爱呵护孩子，呵护家庭，母爱是值得我们赞美的。

每年 5 月的第二个星期日是"母亲节"，一个感恩母亲的节日。康乃馨被视为献给母亲的花，而中国的母亲花是萱草花，又叫忘忧草。为此，我们以"花香满园·感恩母爱"插花活动的形式，搭建平台，引导孩子们把内心对妈妈的感激之情表达出来。

一、活动内容

花香满园·感恩母爱。

二、活动预期目标

1. 欣赏插花艺术品，提高审美和鉴赏能力，净化与陶冶心灵和情操。
2. 能运用多种的插花工具、材料来进行创造，提高动手能力。
3. 感受插花的艺术美，激发想象力。
4. 感受妈妈的艰辛，懂得感恩，萌发爱妈妈的情感。

三、活动准备

（一）经验准备

1. 向爷爷、奶奶了解妈妈的日常工作，观看妈妈上班情景视频等。
2. 以谈话、讨论、调查、记录、绘画等活动形式，把妈妈们的生活、工作展示出来。
3. 开展小记者行动：小记者随机采访妈妈、奶奶，了解妈妈们的真实想法。
4. 为妈妈准备心仪的礼物，帮妈妈完成一个心愿，为妈妈做力所能及的事。

5. 各班谈话、调查结果统计，根据统计结果制订"母亲节"年段系列活动方案。

6. 小班、中、大班前期系列活动。

小班：

（1）学习感恩母亲的歌（《我的好妈妈》《世上只有妈妈好》等），增强爱妈妈的情感。

（2）学说对母亲感恩的话语，如："我送妈妈一个吻"，唱一首感谢妈妈的歌曲，帮妈妈做一件力所能及的事。

中大班：

（1）利用晨间谈话时间围绕感恩话题进行主题谈话。

（2）利用各种材料，给妈妈做一份礼物，如项链、花等。

（3）幼儿绘制简单的心愿卡送给妈妈，由妈妈来填写心愿。（中班）

（4）以绘画的形式写一封信给妈妈，画面中表达自己对妈妈的爱。（大班）

（5）保护蛋宝宝，感受母亲的辛劳。

（二）物质准备：剪、刀、钳、金属丝等加工用具，花器，花材，插花样品

（三）空间环境布置：插花场地布置（操场）

四、活动时间

5月6日下午。

五、活动流程

1. 欣赏插花艺术品，生活中的花艺品。

2. 了解插花器皿。

3. 观察图片和个人实践，注意插花中色彩的搭配。

4. 分组实践操作。

5. 展示作品，献花给妈妈。

六、活动安排

小班相关教育活动安排

周活动安排	活动项目	活动安排
	户外活动	老鼠和猫、小鸡吃米、小马跳沟、变变变等
	主题系列活动	有爱相伴，幸福成长——感恩母亲

(续表)

周活动安排	集体活动	[社会] 妈妈的节日（社会文化） [语言] 我的好妈妈（谈话活动） [艺术] 小蝌蚪找妈妈（音乐游戏） [综合活动] 亲一亲、抱一抱
	活动区游戏 表现性	[装扮区] 学妈妈、妈妈的一天 [表演区] 小蝌蚪找妈妈 [美工区] 妈妈的礼物、郁金香、妈妈的手提包
	活动区游戏 探索性	[数学区] 给妈妈戴戒指、纽扣对应 [科学区] 可爱的鸡妈妈、变一变、有趣的声音
	活动区游戏 欣赏性	[阅读区] 我的妈妈、祝福妈妈的话
	活动区游戏 运动性	班级自选游戏
	生活活动	学习使用筷子进餐。养成不挑食的好习惯。
	家园共育	和妈妈一起做游戏、讲故事等，增进宝贝对妈妈的了解，并体验与妈妈一起游戏的乐趣。
	班级环境创设	1. 创设母亲节环境。 2. 生活秘密角：小鸡叽叽叽。
	备注	根据班级实际情况增、删内容。

中班相关教育活动安排

	活动项目	活动内容
周活动安排	户外活动	跳圈、拍皮球、踩高跷、揪尾巴等
	主题系列活动	有爱相伴，幸福成长——感恩母亲
	集体活动	[语言] 我对妈妈知多少（谈话活动） [社会] 做妈妈的好帮手（自我成长） [艺术] 不再麻烦好妈妈（歌唱） [社会] 实践活动：护蛋行动 [综合活动] 妈妈的职业

(续表)

周活动安排	活动区游戏	表现性	[装扮区] 我来当妈妈 [美工区] 送给妈妈的贺卡、郁金香 [建构区] 给妈妈的家
		探索性	[数学区] 妈妈的衣服真漂亮、各种各样的刷子 [科学区] 妈妈喜欢的物品
		欣赏性	[阅读区] 我对妈妈知多少、恐龙妈妈藏蛋 [展示区] 妈妈的手提包、我给妈妈插束花
		运动性	班级自选游戏
	生活活动		会用简单的方式表达自己对他人的爱。
	家园共育		鼓励幼儿在家做力所能及的事。
	班级环境创设		1. 母亲节环境创设。 2. 展示幼儿的作品。 3. 生活秘密角：妈妈的手提包。
	备注		1. 开展"护蛋行动"社会实践活动。 2. 根据班级实际情况增、删内容。

大班相关教育活动安排

周活动安排	活动项目	活动内容
	户外活动	老鹰捉小鸡、毽子、呼啦圈、攻守阵地等
	主题系列活动	有爱相伴，幸福成长——感恩母亲
	集体活动	[语言] 妈妈我想对你说（谈话活动） [艺术] 漂亮的妈妈（绘画） [健康] 老鹰捉小鸡（动作发展） [社会] 母亲节活动——插花 [实践活动] 护蛋行动

(续表)

周活动安排	活动区游戏	表现性	［装扮区］妈妈的发型 ［美工区］送给妈妈的贺卡、美丽的服装 ［建构区］美丽的家、妈妈的梳妆台 ［表演区］小蝌蚪找妈妈
		探索性	［数学区］统计妈妈喜欢的物品 ［科学区］妈妈喜欢什么
		欣赏性	［阅读区］妈妈生病了、给妈妈写信
		运动性	班级自选游戏
	生活活动		养成早睡早起的习惯。
	家园共育		接受幼儿为母亲制作的小小心意,带幼儿体验生活。
	班级环境创设		1. 母亲节环境创设。 2. 生活秘密角:多变的天气。
	备注		1. 母亲节活动——插花。 2. 护蛋行动。 3. 根据班级实际情况增、删内容。

七、活动片段

（一）护蛋行动

护蛋活动这一天，孩子们带着他们的蛋宝宝高高兴兴地来到幼儿园，像爸爸、妈妈一样形影不离地呵护着自己的蛋宝宝，在玩游戏的过程中，孩子们也对自己的蛋宝宝倍加呵护，有的孩子把杯子装扮成一所小房子，让蛋宝宝住在里面；有的孩子把蛋放在小纸盒里，还给它盖上被子；有的孩子一直把蛋宝宝握在手里，觉得这样才安心。尽管如此，还是有小意外发生，有的蛋宝宝不幸掉在了地上。孩子们在体验了当"爸爸""妈妈"的辛苦时，也感受到了成功保护宝宝的喜悦，在失败中增强了责任感！最后，能把"蛋宝宝"照顾得完好无损的幼儿获得了"护蛋小使者"的称号，并获得小奖品。

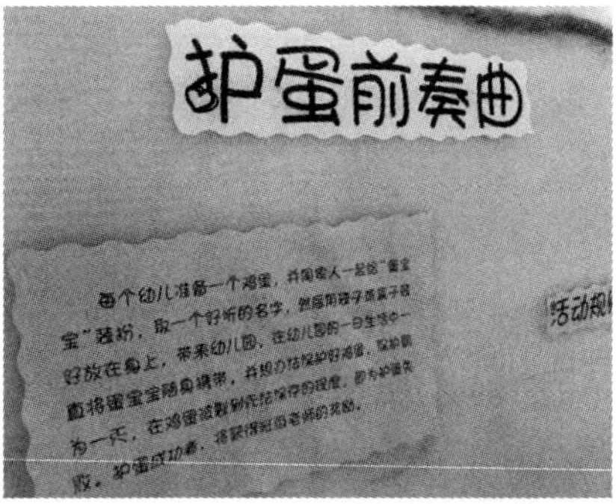
护蛋前奏曲

护蛋圆舞曲
交流保护蛋宝宝经验
这些东西可以保护蛋宝宝

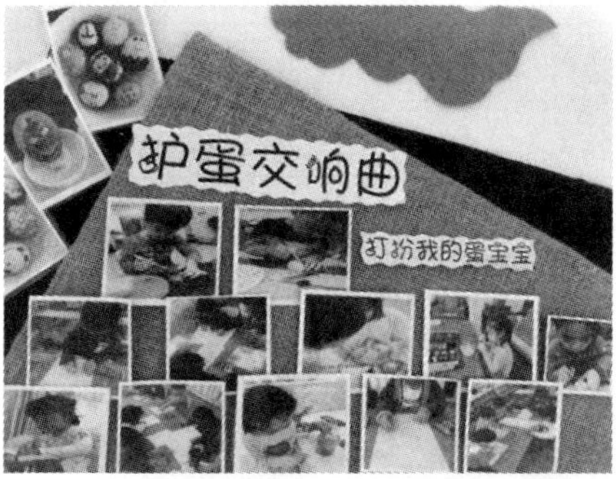
护蛋交响曲
打扮我的蛋宝宝

护蛋进行曲
我和蛋宝宝的一天
吃饭也不忘
保护蛋宝宝

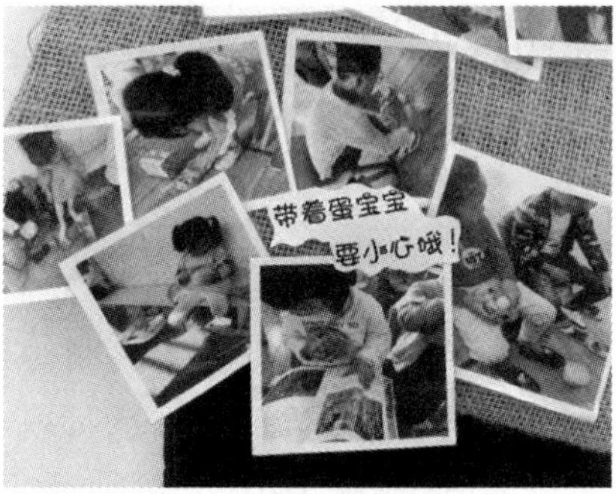
带着蛋宝宝
要小心哦！

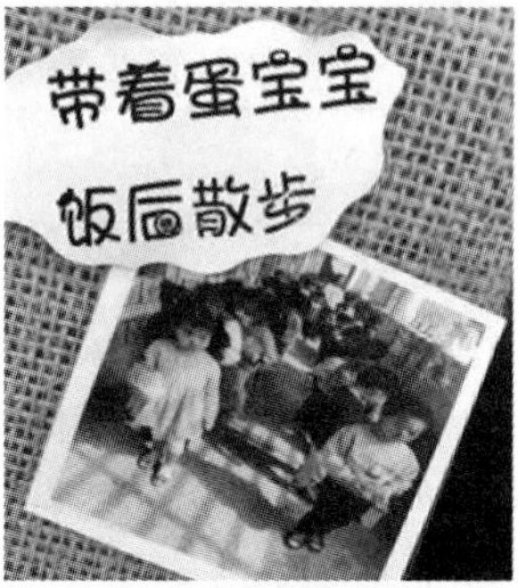
带着蛋宝宝
饭后散步

Hi 这是
我的蛋宝宝
我是护蛋小天使哦！

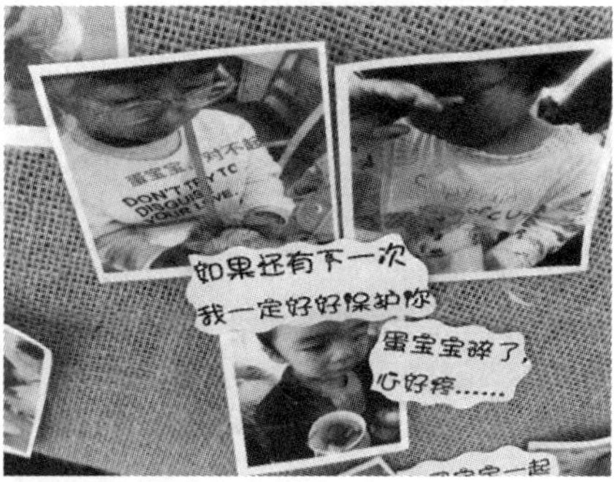
如果还有下一次
我一定好好保护你
蛋宝宝碎了，
心好疼……

护蛋倡议书

亲爱的家长朋友：

　　一年一度的"母亲节"又要到了，首先祝福奶奶和妈妈们节日快乐！永远年轻漂亮！健康幸福！

　　为了让孩子们知道妈妈生育宝宝是多么的不容易，特别是怀胎十月时，妈妈挺着大肚子行动非常不便，每天除了坚持认真工作、做家务，还要格外留心宝宝的安全，我们的心每时每刻都牵挂着我们的宝宝，我们幼儿园发起"护蛋大行动　用心悟母爱"活动。本次活动让小朋友们也来当一回勤劳负责的妈妈，通过护蛋行动体验做妈妈的辛苦，感受妈妈给我们的付出是无私而伟大的！培养幼儿对妈妈的感激之情。需要家长配合以下工作：

　　1. 请家长于本周二晚上为孩子准备一个生鸡蛋，在家里和孩子一起给"蛋宝宝"化妆（用水彩笔绘画、装饰），并取一个好听的名字（名字可写在蛋宝宝上）。

　　2. 和孩子讨论、利用辅助材料（如纸杯、各种小盒子、棉花、绳子、布、皱纹纸）保护好蛋宝宝。

　　3. 周三早上让幼儿将蛋宝宝带到幼儿园，本次活动为期三天（5月10日—5月12日）。

　　4. 请您与宝贝在家一起讨论如果你是蛋宝宝的妈妈，你要怎样保护和照顾蛋宝宝，不让蛋宝宝破碎等问题。

　　感谢您的积极配合！

鲤中实验幼儿园

"护蛋大行动　用心悟母爱"

　　为了让孩子们知道妈妈生育宝宝是多么的不容易，特别是怀胎十月时，妈妈挺着大肚子行动非常不便，每天除了坚持认真工作、做家务，还要格外留心宝宝的安全，她的心每时每刻都牵挂着我们宝宝。本次活动小朋友们也来当一回勤劳负责的"妈妈",通过护蛋行动体验做妈妈的辛苦,感受妈妈给我们的付出是无私而伟大的!

1. 活动内容:护蛋大行动　用心悟母爱。

护蛋行动——让每个孩子把一颗生鸡蛋带到幼儿园,从早上入园到下午离园都要随身带着鸡蛋,并想办法保护好鸡蛋,保护期三天,要使它完好无损,蛋破即为护蛋失败。

2. 活动预期目标:

(1) 探索保护生鸡蛋的不同方法,并能创造性地运用辅助材料,动手动脑想方设法完成护蛋任务。

(2) 体验护蛋过程的艰辛,学会细心照料和关心周围的人,养成认真负责的好习惯。

(3) 感悟父母的养育之恩,懂得亲情的珍贵,学会珍惜亲情,有责任感。

3. 活动准备:

(1) 经验准备。

①家长和孩子一起商量,观看护蛋活动的视频,了解护蛋方法。

②家长和孩子讨论如何利用辅助材料(纸杯、各种小盒子、棉花、绳子、布、皱纹纸等)保护好蛋宝宝,带到幼儿园。

(2) 物质准备。

①家长提前帮助幼儿准备一颗生鸡蛋,幼儿给蛋做好标记,取一个名字。

②用各种小盒子、一次性杯子、棉花、废旧的毛绒玩具等做成护蛋的辅助工具。

③装饰蛋宝宝的辅助材料。

4. 活动规则:

(1) 每位家长为幼儿准备一颗生鸡蛋。这颗鸡蛋在这里被当作一个小生命,幼儿就是这个"蛋宝宝"的"蛋妈妈"。

(2) 每个幼儿给"蛋宝宝"化妆(用水彩笔绘画、装饰),并取一个好听的名字。

(3) 护送鸡蛋从家到学校,在幼儿园的一日生活中一直将蛋宝宝带在身边,包括早操、教育活动、游戏活动、散步、午睡、运动等,在不同的时候要用不同的方法，来保护蛋宝宝，然后再把鸡蛋带回家。

（4）要求小朋友随身携带这颗鸡蛋，让鸡蛋时时刻刻感受到你的体温，要像妈妈爱护小宝宝一样爱护自己的鸡蛋，并做到不要破坏别人的鸡蛋。

（5）护蛋行动需在鸡蛋破裂到无法保存的程度时，才可以宣告"蛋宝宝死亡"。鸡蛋裂了一点，但还能保全的情况下，我们要想办法保护好，引导幼儿以父母的心态对待"受伤"的"蛋宝宝"（如果一个孩子生病了，父母会不会对他置之不理，甚至抛弃他？这些鸡蛋就是我们这些"蛋妈妈"的"蛋宝宝"，我们应该以父母对待我们的方式去对待它们）。

（6）如果活动时鸡蛋破了，请幼儿通知老师处理并做好记录，说说失败的原因。

5. 活动要求：

每位小朋友可以对自己携带的鸡蛋实施一定的防护措施，并进行编号，不得随意替换鸡蛋。

（二）插花品香

美丽的鲜花一直是子女表达对母亲爱意的首选礼物，孩子们亲手插上一束鲜花送给妈妈来表达对妈妈的爱！

活动前大班的孩子们早早地收集好各种各样的鲜花以及大大小小的花瓶。活动中，即使天气闷热，孩子们仍聚精会神地挑选满意的花枝左右摆插，还时不时拿起剪刀小心翼翼地修剪。汗水滴在鲜艳的花朵上，为花儿灌溉了最滋润的养分，因为这里面充满了他们对妈妈最纯真的爱。当妈妈们出现在他们的面前时，宝贝们都很兴奋地将自己亲手制作

的花束捧到妈妈手中，亲切地对妈妈说："妈妈，母亲节快乐，祝您越来越年轻！"妈妈们笑得合不拢嘴，一把将宝贝抱入怀中。参与本次插花活动的还有小中段幼儿，在老师的带领下，他们参观哥哥姐姐们插花过程，共同感受活动氛围。

插花活动不仅培养了幼儿的动手操作能力，提高孩子的艺术欣赏水平，更增进了亲子间的关系。我相信，宝贝们的这份劳动成果会是妈妈们母亲节最好的礼物……

除了插花，孩子们还为妈妈准备了丰富的节目来表达对妈妈的爱。

课程方案二：生命的力量——"父爱助力·感受力量"

父爱是什么？有人说父爱厚实威严，没有华丽的语言，没有喋喋不休的抱怨，只有真实的行动，没有最多的期待，只有心甘情愿的包容，更多的担当，是个顶梁柱，为家遮风挡雨，顶天立地，挺拔而伟岸，充满力量。如果说父亲是一座山，那么，孩子就是山中的一条小溪，小溪流经的道路弯曲而悠远，但在山的怀抱里，它永不会迷失方向，家因为有父亲在而安心沉稳！因为母爱的慈祥，掩盖了严肃的父爱。很少有人会刻意地去记住父亲节，更不会记得父亲陪伴孩子成长的点点滴滴。父爱的伟大就在于它总在某个角落中默默地付出，平凡而伟大！

每年六月第三个星期天是父亲节，靠近端午节。为此，幼儿园以父亲节、端午节为活动背景，开展"父爱助力·感受力量"活动。相关端午节活动是为了增进幼儿对中国传统文化的了解和兴趣，激发幼儿初步的民族自豪感，而有关父亲节活动是为了让孩子体会到爸爸工作的辛苦，感受爸爸对儿女们默默而深沉的爱，感受爸爸的力量。通过活动让平日里繁忙的爸爸们放松工作压力，找回童年的欢乐，最重要的是走进孩子们生活与学习的环境中，一起享受快乐的时光，一起感知孩子们的快乐成长、感受孩子至纯至真的爱，在孩子成长过程中留下更多美好的回忆，也为亲子间的情感增添一份特别的养分。

一、活动内容

"粽情端午，同舟共济"——赛龙舟。

二、活动预期目标

1. 会与同伴商量，合作游戏，体验合作成功的乐趣。

2. 锻炼手部、腿部力量和协调性，在游戏中懂得团结协作的重要性。

3. 知道赛龙舟是端午节的一种风俗习惯，感受竞赛活动的热闹气氛；对中国的传统文化感兴趣，产生初步的民族自豪感、萌发幼儿热爱家乡的情感。

三、活动准备

（一）经验准备

1. 请家长和孩子讲讲爸爸的工作及有趣的事情。

2. 观看有关赛龙舟的视频、图片，与家长一起搜集关于赛龙舟的由来及相关的资料。

（二）物质准备

龙头、竹竿、彩带、音乐、奖状、评分表、大鼓一面等。

（三）空间环境准备

1. 在操场上画好起点、终点、各班级方阵位置。

2. 场地周围营造端午节的节日氛围（挂粽子，挂蛋袋等）。

四、活动时间

端午节的前一天。

五、活动内容

1. 谈话活动：我的爸爸。

——小班：爸爸的本领。

——中班：父亲节的由来，说一说爸爸，夸一夸爸爸。

——大班：父亲节快到了，作为小记者，你有什么打算呢？

2. 小记者行动。

——采访爸爸，了解爸爸的有关信息。

——采访爷爷奶奶，了解爸爸小时候的信息。

——采访妈妈，了解妈妈眼中的爸爸。

——统计出爸爸"打呼噜"的有关情况。

——采访爸爸的工作，进行统计。

3. 亲子活动。

——小班：亲子游戏；爸爸拔河比赛。

——中班：寻宝。

——大班：爸爸向前冲（泼水活动）。

六、活动安排

小班相关教育活动安排

活动项目			活动内容
	户外活动		赛龙舟、小兔钻山洞、蝌蚪变青蛙、小马过河等
	主题系列活动		"有爱相伴，幸福成长"——家园同乐庆端午
	集体活动		[社会] 快乐端午（社会文化） [艺术] 五月五是端阳（手工） [语言] 端午节的由来（谈话活动）
周活动安排	活动区游戏	表现性	[装扮区] 粽子小吃店、斗蛋 [表演区] 赛龙舟 [美工区] 包粽子、画蛋袋、画虎蛋 [建构区] 各种各样的粽子
		探索性	[数学区] 粽子分类 [科学区] 各种各样的粽子馅儿
		欣赏性	[阅读区] 我认识的粽子宝宝
		运动性	班级自选游戏、赛龙舟
	生活活动		会礼貌问好，正确使用"谢谢""对不起"等礼貌用语。
	家园共育		会跟爸爸妈妈、邻居礼貌问好。
	班级环境创设		1. 端午节环境创设以及区域材料的投放。 2. 生活秘密角：小耳朵本领大。
	备注		1. 周六上午举行赛龙舟活动，下午进行画虎蛋、斗蛋活动。 2. 根据班级实际情况增、删内容。

中班相关教育活动安排

<table>
<tr><th colspan="3">活动项目</th><th>活动内容</th></tr>
<tr><td rowspan="15">周活动安排</td><td colspan="2">户外活动</td><td>赛龙舟、爬梯子、花样玩球、投篮、树屋、钻山洞、拍球等</td></tr>
<tr><td colspan="2">主题系列活动</td><td>"有爱相伴、幸福成长"——端午节</td></tr>
<tr><td colspan="2">集体活动</td><td>［社会］端午节的由来（社会文化）
［艺术］划龙舟（绘画）
［语言］端午节（文学活动）
［艺术］小船（手工）</td></tr>
<tr><td rowspan="4">活动区游戏</td><td>表现性</td><td>［建构区］船、兰溪公园
［表演区］划龙舟
［装扮区］美食一条街</td></tr>
<tr><td>探索性</td><td>［数学区］包粽子计划
［科学区］粽子大统计</td></tr>
<tr><td>欣赏性</td><td>［美工区］包粽子、蛋袋设计、斗蛋
［阅读区］端午节的来历、屈原的故事</td></tr>
<tr><td>运动性</td><td>班级自选游戏、赛龙舟</td></tr>
<tr><td colspan="2">生活活动</td><td>学会自己洗澡，养成勤洗澡的习惯。</td></tr>
<tr><td colspan="2">家园共育</td><td>家园配合督促孩子做好夏季卫生工作，养成勤洗澡的好习惯。</td></tr>
<tr><td colspan="2">班级环境创设</td><td>1. 端午节环境创设。
2. 生活秘密角：有趣的迷宫。</td></tr>
<tr><td colspan="2">备注</td><td>1. 赛龙舟活动。
2. 根据班级实际情况增、删内容。</td></tr>
</table>

大班相关教育活动安排

	活动项目	活动内容
周活动安排	户外活动	赛龙舟、拍皮球、抓尾巴、踢毽子、接力跑、跳绳等
	主题系列活动	"有爱相伴，幸福成长"——家园同乐庆端午
	集体活动	［健康］划龙舟（动作发展） ［语言］五月五是端阳（文学活动） ［艺术］划船（歌曲） ［社会］快乐端午节（社会文化）
	活动区游戏 表现性	［建构区］兰溪公园、龙舟 ［表演区］赛龙舟 ［装扮区］卖粽子 ［美工区］包粽子、画虎蛋、做蛋袋、龙舟赛、画龙舟
	活动区游戏 探索性	［数学区］粽子有多少、赛龙舟人数统计 ［科学区］各种各样的粽子
	活动区游戏 欣赏性	［阅读区］五月五是端阳、端午节的来历
	活动区游戏 运动性	班级自选游戏、赛龙舟
	生活活动	养成勤剪指甲的习惯。
	家园共育	1. 建议家长与幼儿共同收集交流有关端午节的知识，讲述有关典故，丰富幼儿的经验。 2. 带幼儿参加包粽子、划龙舟等民俗活动，进一步感受端午节的节日氛围。
	班级环境创设	1. 端午节环境创设。 2. 生活秘密角：生活中的数字。
	备注	1. 赛龙舟活动。 2. 打水仗。 3. 根据班级实际情况增、删内容。

七、活动片段

（一）赛龙舟

小班：

游戏预期目标：

1. 能手脚协调地向前行走不摔倒，保持队伍的一致性。

2. 体验集体合作游戏的乐趣。

游戏玩法：

1. 每班幼儿分成三组，每组 10 个人。

A：本班老师一个做龙头，一个做龙尾，龙头戴上头饰。孩子和老师双手共同握住竹竿，大家出脚要统一，方向要一致，同一队幼儿都必须在"龙舟"中，最先到达终点的为胜。

B：幼儿自行组队，手握竹竿，共同前进。

2. 每个班级每次派一组上场游戏。

游戏规则：

在比赛中掉队或龙尾没到达终点为犯规。

活动过程：

1. 亲子游戏"过山洞"进入操场。（音乐：兔子舞）

2. 爸爸、幼儿入座。（音乐：爸爸去哪儿）

3. 主持人讲话，情感升华。（音乐：父亲）

4. 爸爸代表讲话，女儿献花。

5. "宝宝组"赛龙舟比赛。（音乐：打鼓）

6. "爸爸组"赛龙舟比赛。(音乐：打鼓)

7. 亲子轮胎接力赛。(音乐：劲爆音乐)

8. 颁奖。

9. 给爸爸送礼物。(音乐：时间都去哪儿了)

10. 整理场地，把椅子搬回教室。

活动之初，老师向小朋友们介绍了父亲节的意义和端午节的习俗，接着在阵阵锣鼓声中，赛龙舟比赛正式开始。

随着主持人的一声令下，鼓声响起，激烈的"龙舟赛"开始啦！只见两只龙舟齐头并进，"赛龙舟"的小朋友们精神饱满，喊着整齐的口号，手握"船桨"，动作整齐，齐心协力往前"划"。

一二三四五，你划龙舟，我打鼓。

咚咚锵，咚咚锵，龙舟下水喜洋洋。

趁着火热的气氛，爸爸们纷纷摩拳擦掌，跃跃欲试，也进行了一场别开生面的划龙舟比赛。看到自己的爸爸参加划龙舟比赛，两边呐喊助威的小朋友群情激昂，欢声震天，此起彼伏的呐喊声把活动推向了高潮。

中班：

游戏预期目标：

1. 能用全蹲走的动作进行前进走。

2. 遵守游戏规则，感受游戏的乐趣。

游戏玩法：

每班四组分四次比赛，每组8人，第一位幼儿头戴龙头头饰，后面小朋友拉着前面小朋友的衣服蹲着向前走。舟尾先冲过终点线的为胜利。

游戏规则：

1. 行进过程中，每位幼儿必须始终抓住前面幼儿的衣服，且采取全蹲的姿势，屁股不能抬高到膝盖以上位置。抬高半蹲走则为犯规。

2. 如后面的幼儿有松开手，老师应及时提

醒"龙头"停下,直到整队好后再前进,否则记违规。

大班:

游戏预期目标:

1. 尝试两人三足集体走,体验与同伴按节奏同步前进。

2. 在游行中遵守规则,体验齐心协力合作带来的快乐。

游戏玩法:

1. 每次每个班一次9对(18人)幼儿进行比赛。每班小朋友竖排两排,每行两个幼儿各绑住一条腿,两臂夹住竹竿,采用两人三足的方式进行前进。大鼓响起比赛开始,一起喊出口号,全班幼儿向前进,途中竹竿要夹在幼儿的臂下不能掉。

2. 比赛分为两组进行,哪班舟尾先到终点为胜。(可男女分队,或者男女混搭)

游戏规则:

在比赛过程中若龙舟断为两节则要等龙舟重新整理好后再继续前进,若是龙头先到达终点也算犯规。

孩子们用自己的方式了解传统佳节,在游戏中感受每个传统佳节的不同,每个年龄段的小健将们严阵以待,就怕错过了裁判老师的比赛信号,在擂鼓助威声中、拉拉队们的呐喊声中,他们配合默契,步伐一致,龙舟雄赳赳气昂昂地"划行"在操场,经过一番激烈的比赛,孩子们获得了集体荣誉,这不仅仅是一次龙舟游戏的体验,更是一次考验幼儿是否具有团结、协作能力的活动,同时有了爸爸的参与也给孩子们树立了榜样,能为自己的班级献出一份力量,收获满满的成就感。旱地龙舟游戏既能让孩子感受到节日气氛、游戏的乐趣,又培养了孩子的团结协作能力!

(二)包粽子、吃粽子、斗虎蛋

咦！各年段的孩子们都在忙什么呢？

只见一双双稚嫩的小手"忙碌"地穿梭在一张张青翠欲滴的粽叶上，不一会儿，一个个可爱的小凉粽就摆满了桌子。虽然粽子大小不一，也不太规整，但是孩子们自己动手包的粽子，吃起来一定特别有滋味。

包粽子　　　　　　　　　　吃粽子

斗蛋比赛

孩子们一大早就带着煮熟的鸡蛋、鸭蛋、鹅蛋，高高兴兴地来到了幼儿园。通过认识各种各样蛋的活动环节，让孩子们观察比较鸡蛋、鸭蛋、鹅蛋的外形特征，从而丰富了孩子的知识经验。紧接着，"斗蛋大赛"就正式开始了。第一个环节叫做"立蛋"，孩子们要想办法将蛋直立在桌子上，可是蛋都是中间粗，两头尖，要想直立在桌子上，对于幼儿园的小朋友来说，实在是有些难度。第二个环节就有意思多了，老师要求每个孩子把自己的蛋用水彩笔装饰起来，画出一个属于自己的独一无二的蛋。在最激动人心的"斗蛋"环节中，孩子们手里紧紧攥着自己心爱的蛋，两人一组，想尽一切办法撞坏对方的蛋，同时又要保证自己的蛋完好无损，活动气氛高涨。本次活动，不仅让幼儿感受到了传统节日的气氛，而且还了解了中国的民俗，体验了民间文化的乐趣。

课程方案三：成长的快乐——"我的六一我做主 我的六一花样过"

每一个梦想都应被浇灌，每一个想法都应被尊重。六月里幼儿最为期待也最为快乐的一天莫过于儿童节了。"六一"用心聆听幼儿的声音，每一个质朴的心愿，就像播种在童年的种子，被用心呵护……为了让幼儿既快乐又充实地度过这个节日，我们开展了"我的六一我做主 我的六一花样过"活动，让幼儿感受儿童节带来的快乐和幸福，体验游戏的乐趣，让孩子做节日的主人，把快乐还给孩子，让孩子主宰自己的节日！

一、活动内容

"我的六一我做主 我的六一花样过"。

二、活动预期目标

1. 游戏中体验节日的幸福和快乐的氛围。
2. 知道活动要做哪些准备，能与同伴分工合作。
3. 愿意参加活动，感受节日的快乐。

三、活动准备

（一）经验准备

和幼儿提前谈话"想怎样过六一？"

（二）物质准备

雨丝帘、气球、西瓜气球、立柱、欢迎展板。

（三）空间环境准备

与幼儿共同创设"六一节"环境。

四、活动时间

六月一日上午。

五、活动流程

1. 各班游戏。
2. 师幼共同布置环境、餐桌等。
3. 幼儿、家长送美食入园。
4. 享受美食。

六、活动安排

小班相关教育活动安排

	活动项目	活动内容
周活动安排	户外活动	小鸡吃虫、过竹桥、海豚顶物、蚕宝宝、降落伞
	主题系列活动	我的六一我做主　我的六一花样过
	集体活动	[社会] 愉快的六一（社会文化）、六一亲子活动 [实践活动] 逛超市、六一节自助餐环境创设、自助餐活动 [语言] 愉快的六一节（系列谈话活动）
	生活区游戏　表现性	[建构区] 游乐场 [装扮区] 快乐的六一、照相馆 [美工区] 六一的气球、花裙子、好朋友（手工）、六一心愿卡
	探索性	[数学区] 五颜六色的泡泡 [科学区] 六一节的礼物
	欣赏性	[阅读区] 愉快的六一节、幼儿绘本
	运动性	班级自选游戏
	生活活动	在提醒下，知道来园后、饭前便后要洗手，并按七步洗手法洗手。
	家园共育	让孩子说说六一节的心愿，陪孩子一起度过一个愉快的六一节。
	班级环境创设	1. 六一节班级环境创设。 2. 生活秘密角：夏天你好。

(续表)

周活动安排	备注	1. 自理能力比赛。 2. 六一亲子活动。 3. 根据班级实际情况增、删内容。

中班相关教育活动安排

	活动项目		活动内容
周活动安排	户外活动		扇风游戏、小蝌蚪变青蛙、炸碉堡、飞跃障碍。
	主题系列活动		我的六一我做主 我的六一花样过
	集体活动		［语言］六一节想怎么过（谈话活动） ［社会］互相帮助真好（人际交往）、六一亲子活动 ［实践活动］六一节自助餐环境创设、自助餐活动 ［综合活动］六一嗨翻天
	生活区游戏	表现性	［建构区］六一的舞台 ［表演区］我的六一我做主、小猪盖房子 ［美工区］送给朋友的六一礼物、拉花、彩旗、桌花
		探索性	［数学区］五颜六色的泡泡 ［科学区］六一节的礼物
		欣赏性	［阅读区］六一怎么过、我的六一节
		运动性	班级自选游戏
	生活活动		天气较热，提醒幼儿及时补充水分，注意防晒防蚊
	家园共育		1. 提前一天帮忙教室布置气球。 2. 请家长六一期间与幼儿一起共度欢乐时光。
	班级环境创设		和孩子一起布置六一节活动室，营造节日的氛围。
	备注		1. 六一亲子活动。 2. 根据班级实际情况增、删内容。

大班相关教育活动安排

<table>
<tr><td colspan="2">活动项目</td><td>活动内容</td></tr>
<tr><td rowspan="14">周活动安排</td><td colspan="2">户外活动</td><td>变向跳、我会跨跳、老狼老狼几点钟、抢椅子、卷白菜</td></tr>
<tr><td colspan="2">主题系列活动</td><td>我的六一我做主　我的六一花样过</td></tr>
<tr><td colspan="2">集体活动</td><td>[语言] 我的六一我做主（谈话活动）
[社会] 六一亲子活动
[艺术] 快乐的六一（歌唱）
[实践活动] 六一节自助餐环境创设、自助餐活动</td></tr>
<tr><td rowspan="4">生活区游戏</td><td>表现性</td><td>[建构区] 游乐园、六一节的鲤中步行街
[表演] 我的六一我做主、白雪公主
[美工区] 六一儿童节、美丽的服装、一群好朋友、六一节的礼物
[装扮区] 六一真快乐、影楼</td></tr>
<tr><td>探索性</td><td>[数学区] 我喜欢的六一节礼物统计
[科学区] 六一超市真热闹</td></tr>
<tr><td>欣赏性</td><td>[阅读区] 心中的梦想、欢度六一、六一我想这样过</td></tr>
<tr><td>运动性</td><td>班级自选游戏</td></tr>
<tr><td colspan="2">生活活动</td><td>1. 和同伴分享自己想要的六一节活动，学会协商。
2. 学习正确的坐姿。</td></tr>
<tr><td colspan="2">家园共育</td><td>1. 家长和宝贝一起聊聊小时候是怎么过六一儿童节的。
2. 家长在六一活动当天制作一道美食，鼓励让孩子在班级分享。</td></tr>
<tr><td colspan="2">班级环境创设</td><td>共同布置六一呱呱派对班级环境。</td></tr>
<tr><td colspan="2">备注</td><td>1. 六一亲子活动。
2. 根据班级实际情况增、删内容。</td></tr>
</table>

七、活动片段

为了让孩子们更好地感受节日的气氛，度过一个属于自己的有意义的节日，我园仍秉着尊重儿童的意愿，给予孩子们最大的支持，释放孩子们的天性，让"我的六一我做主"！

1. 绘心愿。

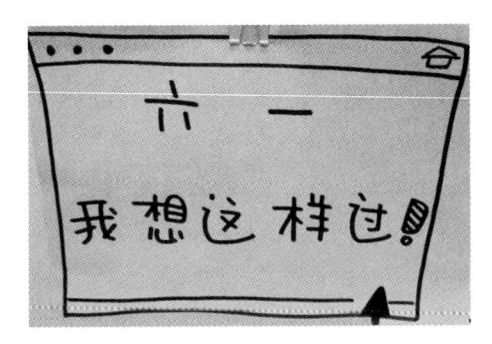

同往常一样，娃娃们在画纸上描绘六一的愿望，将对节日的期盼融入到画纸上，点缀粉色的心愿树……

2. 谋布置。

节日的脚步更近了，幼儿满心欢喜地制订布置计划，积极主动地布置场地……

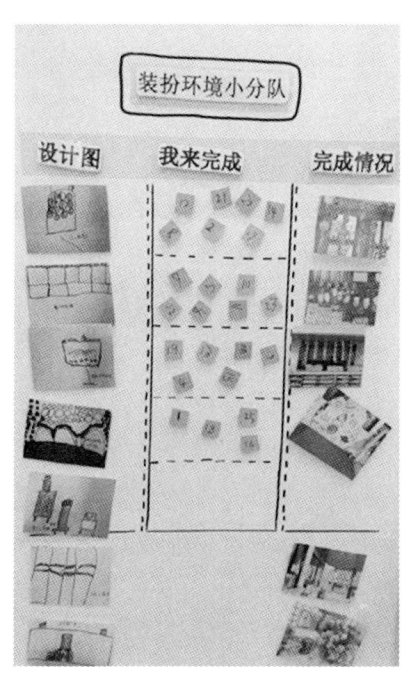

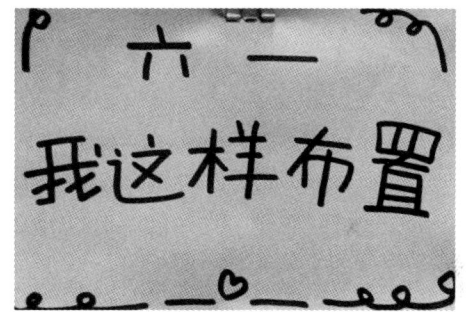

我们来装扮

经过大朋友和小朋友们的共同努力，新颖别致的"六一"环创纷然呈现。

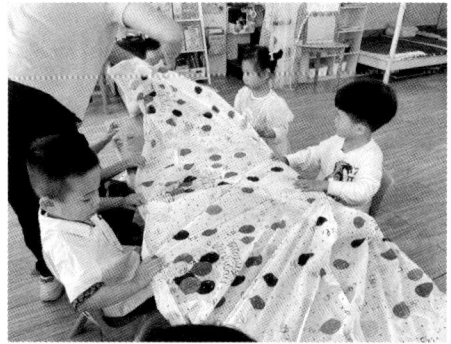

3. 美食篇。

心灵手巧的家长与小朋友们，用不同的瓜做出了一个个活灵活现的关于瓜的手作美食，我们都是大自然的"造瓜者"！

还有"小上帝"们钦点的各种美食。

4. 游戏篇。

瞧！各种围绕"瓜"的趣味游戏，掀起了一片热潮！孩子们玩得津津有味，直呼："真好玩、太好玩了！"

西瓜投投乐　　　　双棍夹瓜　　　　嗑瓜子

猪八戒摸西瓜 　　　　　　套西瓜

夏天，一个多姿多彩的季节，孩子们畅想着无限多种可能性可以吃清凉的水果和甜点，可以走班串廊地寻找新伙伴，可以肆意地玩各种游戏，让我们寻找这个季节所憧憬的美好的画面。

游戏和美食是标配，你来我这，我去你那，我们玩得不亦乐乎，吃得尽兴而归！

Daily plog

丢手绢

may your life be blessed with joy,love and miracles.

第一篇章 与四季同行　　75

RECORDS OF HAPPINESS　　NO.001

"盲人摸象"

才艺展示

《揪尾巴》

《抢椅子》

童话剧《海洋妈妈别哭泣》，更是给快乐的六一记忆添上精彩的一笔。

课程方案四：希望的飞翔——"繁花似锦·雏鹰展翅"

每个孩子都会用自己的方式慢慢长大。破茧成蝶，挣扎着褪掉所有的青涩和丑陋，终会长出翅膀；由稚嫩的花苞到饱经风霜的艳花，由园丁的悉心栽培到自己的坚强勇敢，终将脱离父母、老师的庇护，学会独自飞翔。在成长的道路上，孩子们掌握了生活和学习的方式、方法，有做事的毅力、责任心、自信及热爱生活的美好品质，不管在身体上还是心灵上，生命都在一点点地蜕变。

因此，我们和孩子们一起感受着成长的喜悦与自信，同时，我们也感恩父母的养育之情、老师的教育之情及同伴们在成长当中的相伴之情，铭记这份爱，让幸福更加长远，让生命如同展翅的雏鹰飞向更广阔的天空。

一、活动内容

"繁花似锦·雏鹰展翅"。

二、活动预期目标

1. 初步了解小学的主要设施、功能、环境，观察小学生在校的学习生活。

2. 感受小学生生活、学习的丰富和有趣，萌发当小学生的愿望。

3. 学会感恩，运用多种方式表达自己的感激之情。

4. 能与同伴讨论、协商、合作，做好毕业典礼的准备工作，运用多种方式大胆表达自己的情感。

5. 有参与活动的主动性，做事有目的、有计划。

6. 提高感受美、表现美的能力，增强规则意识。

7. 学会用图画或符号记录的方法记录参观的所见所闻，大胆交流自己的发现。

8. 增强任务意识，提高自我管理能力。

9. 养成自我管理的良好行为习惯。

10. 体会成长过程中许多人对自己的爱与帮助，感受被关爱的幸福。

11. 体验毕业离园的惜别之情和即将成为小学生的自豪感。

12. 体验自己长大了、毕业了的自豪感，萌发对小学生活的向往之情。

三、活动准备

1. 经验准备：

规划和考察参观小学的路线，做好前期出行安全工作。

2. 物质准备：

小时候的衣物、长大后的衣物变化等；自理能力比赛所需要的材料；参观小学时所需要的班牌；毕业典礼道具等等。

3. 空间环境创设：

布置"我长大了""我心目中的小学"主题墙，毕业晚会现场布置。

四、活动时间

6月。

五、活动内容

1. 展板——长大的我：各班老师幼儿共同协商布置。

（1）小班：我长大了。

（2）中班：我会的事儿真不少。

（3）大班：我要毕业了。

2. 参观小学。

（1）幼儿在7点20分之前要到幼儿园，7点半准时出发。

（2）各班老师幼儿共同协商制作"我长大了"作品，内容以幼儿作品为主。

（3）小中班：以各班作品栏体现。

（4）大班：以主题海报形式展示在幼儿园大门口。

（5）在系列活动中，体验自己长大了、毕业了的自豪感，萌发对小学生活的向往之情。

3. 毕业典礼：放飞雏鹰（大班毕业典礼）。

六、活动安排

大班相关教育活动安排

	活动项目	活动内容
周活动安排	户外活动	跨越障碍、两人三足、拍皮球、踢毽子、跳绳等
	主题系列活动	"有爱相伴 幸福成长"
	集体活动	[语言] 我想象中的小学（谈话活动） [语言] 小学和幼儿园一样吗（谈话活动） [社会] 我们毕业了（自我成长） [社会] 我长大了（自我成长） [艺术] 老师再见了（歌唱） [健康] 长大我不紧张了（身心保健）
	活动区游戏 表现性	[建构区] 我心目中的小学、马路 [表演区] 我当小学生、小老师 [装扮区] 我来当老师 [美工区] 我的名片、一群好朋友、心目中的小学、长大的我
	活动区游戏 探索性	[数学区] 我的作息时间 [科学区] 长大了、有趣的斜坡、小灯泡亮了
	活动区游戏 欣赏性	[阅读区] 我长大了、我心目中的小学、小学与幼儿园的不同、给好朋友写信
	活动区游戏 运动性	班级自选游戏
	生活活动	能注意听别人讲话，不随便插嘴。
	家园共育	1. 帮忙收集小时候的衣物，引导孩子表达长大的感受。 2. 为即将踏入小学生活调整好作息时间，养成各种良好的习惯。
	班级环境创设	1. "我长大了"环境创设。 2. "我上小学"主题版面创设。 3. 生活秘密角：课间十分钟。
	备注	1. 毕业典礼准备。 2. 班级根据实际情况适当增、删内容。

七、活动片段

（一）我长大了

（二）能干的我——"快乐生活"自理能力体能赛

为构建儿童生命参与的体验式学习，根据幼儿的年龄特点和发展水平，制订了比赛项目，以年级组为单位。6月3日上午特举行了一场别开生面的"幼儿生活自理能力体能赛"。小班进行了穿鞋子、爬地垫、穿衣、剥豆角比赛；中班进行了扣纽扣、钻圈、夹积木、剥花生比赛；大班进行了系鞋带、夹珠子、叠被子、削黄瓜比赛。每位幼儿完成任务用时不同，但都能坚持到底。

比赛过程中，传来的阵阵欢呼声、加油声都向我们展示了孩子们的团队精神和集体荣誉感。本次活动也充分体现了我园生活化课程，把对幼儿生活习惯和基本生活能力的培养融入平时的教育教学工作中，切实提高幼儿的生活自理能力，增强幼儿的自我管理意识，懂得自己的事情自己做，养成良好的生活习惯。

能干的我——我是勤劳的小园丁　　能干的我——我是小小志愿者

（三）参观小学

大班幼儿即将离开幼儿园，迈进小学的大门。对孩子来说，小学是一个陌生而又富有诱惑力的地方，无论是课程的设置，还是环境及作息时间等各方面都与幼儿园有着很大的不同。为了给家长和孩子解除忧虑，实现从幼儿园教育到小学教育的顺利过渡，我们开展了"参观实验小学"活动，让孩子熟悉小学环境，初步了解小学的主要设施、功能、环境；观察小学生在校的学习生活，学会用图画或符号记录的方法记录参观见闻，大胆交流自己的发现；感受小学生生活、学习的丰富和有趣，萌发当小学生的愿望，做好入学准备。

1. 活动内容：参观实验小学。

2. 活动准备。

（1）联系小学，确定具体参观时间。

（2）活动前谈话，加强幼儿安全教育、礼貌教育。

（3）告知家长集体活动的事宜。

（4）幼儿园旗帜一面，各班准备班牌。

（5）年段教师踩点。

（6）通知年段幼儿周一上午 7:40 到幼儿园。

3. 活动时间：5月27日。

4. 参加班级及人员分工。

（1）参加班级：大班全体幼儿及教师。

（2）人员分工：各班安排负责录像和照相的人员，各班老师、保育员负责本班幼儿的安全。

5. 活动过程。

（1）参观要求。

①要遵守纪律，过马路要走人行道，不东张西望。

②在参观过程中要仔细看，不离开队伍。

③不能大声说话，影响小学生学习。

④爱护学校里的花草树木，不摘花，不踩草坪。

（2）参观小学。

①观看小学的升旗仪式。

②观察小学的环境。

③观看小学生上课。看看教室是什么样的，桌椅怎样排列，文具怎样摆放，小学生上课怎样听讲，怎样回答问题。

④观察课间活动。提醒幼儿观察小学生课间十分钟在做什么，什么时候进教室。

（3）延伸活动。

①表达与交流：你在小学里看到了些什么？该怎样做个小学生？

②表达与创造：把自己在小学里看到的、听到的、印象最深的用自己喜欢的方式表达出来。（绘画或口述日记等）

(四) 毕业典礼

时间飞逝，三年一晃，又到离别依依时。大班的小朋友在老师的辛勤培育下也将完成幼儿园教育，他们如同展翅的雏鹰就要离开幼儿园，飞向更广阔的天空。我们希望看到他们大胆、自信地向幼儿园、向家长汇报自己的学习成长，希望他们能自然、大方地表达感恩之情，希望他们能感受毕业典礼的庄严与重要，希望他们体会到自己被尊重、要长大，对未来生活向往的情感。

1. 活动内容：爱的助力·放心去飞。
2. 活动预期目标。

(1) 学会感恩，运用多种方式表达自己的感激之情。

(2) 有参与活动的积极性、主动性，做事有目的、有计划。

(3) 提高感受美、表现美的能力，增强规则意识。

(4) 体验成长过程中许多人对自己的爱与帮助，感受被关爱的幸福。

(5) 体验毕业离园的惜别之情和将成为小学生的自豪感。

(6) 感受自己长大了、即将毕业的自豪感。

(7) 体验师生间、朋友间依依惜别之情，感恩生活，享受亲情，感受幼儿园大家庭的爱。

(8) 珍惜幼儿园的快乐时光，感受自己的幸福成长。

3. 活动准备。

(1) 经验准备：收集三年来的成长过程资料、视频等。

（2）物质准备：服装、表演道具、蜡烛、音乐、灯光、气球拱门等。

（3）空间环境准备：毕业晚会场地布置。

4. 活动时间：6月20日晚上。

5. 毕业晚会流程。

乘着光阴的翅膀、聆听鸟儿的歌唱、唱响时间的旋律，离小朋友离园越来越近了，看着即将毕业的你们，我们心中有一千个不舍、一万个不舍，现在让我们一起来回忆下，三年来无数精彩的画面。

（1）情景剧《匆匆三年》。

小班：入园晨间接待、洗手午餐、午睡、谈话活动。

中班：文明礼仪、自理能力比赛、志愿者。

大班：晨间活动、值日生工作、互帮互助、团结合作、打水战、赛龙舟。

（2）童话剧《智斗虎大王》《四大发明》。

（3）毕业生讲话。

（4）家长代表讲话。

（5）歌唱表演《感谢》（表爱心）。

（6）中班代表讲话。

（7）歌唱表演《一年级》。

（8）教师歌唱《放心去飞》，石谢可馨、李辰澜演唱《梦开始的地方》。

（9）献花。

（10）园长讲话。

（11）结束：《跟彩虹一起成长》。

6. 活动片段。

迎着六月的清风，伴着栀子的花香，2018年6月24日，我园举行了以"爱在助力·放心去飞"为主题的2018届大班毕业典礼。全体大班师生和家长相聚在一起，共同回顾孩子们成长的足迹，分享孩子们毕业的快乐，感怀孩子们离别的难舍以及对师长的感恩之情。

成长回眸：情景剧《匆匆三年》

世界上最温暖的词汇是妈妈，人生中最不能忘记的是老师，她们像两束最炽热的火炬，照耀我们人生的路。大班孩子们和老师用真情诠释了，老师就像妈妈一样爱护着我们、照顾着我们……

老师，当我第一次来到幼儿园，哭哭啼啼吵着要妈妈的时候，您的手像摇篮，温暖了我的心，我多想叫您一声妈妈啊……

我们上中班了

从小不点到稍微懂事，我们很快就升到中班了。我们认真学习、快乐生活，学会了自己的事情自己做，会做的事儿真不少。

我们渐渐懂得美丽的仙游要大家一起努力，为了美丽的仙游，我们和爸爸妈妈一起当上了志愿者。

我们上大班了

升到大班的我们，自主、自信、积极、热情，学会了关爱他人、责任担当。我们把礼仪当成一种习惯："保育老师您辛苦了，这些事我们来！"劳动使我们快乐；我们动手动脑、合作协商、互帮互助；我们和爸爸打水仗、我们在端午节赛龙舟……

我们多么希望，时间能停止……

园长致辞

幼儿园就像金色摇篮,今天摇篮里的你们长大了,今天的你们即将打开新天地,园长妈妈心里有多么不舍,一起听听园长妈妈对你们爱的祝福!

幼儿代表讲话

鲤中实幼就像美丽的童话城堡,让我们收获了许多宝贵财富。幼儿园的生活愉快而又短暂,让我们把记忆埋藏在心里,到我们戴上红领巾的时候,我们再来回忆。虽然离别已在眼前,但我们心中永远充满希望,我们有许多话要说给老师听。

家长代表讲话

幼儿园是一片沃土,园长、老师、家长都是辛勤的园丁,如今茁壮成长的小苗苗就要离开这块土地了,相信家长一定有许多话想说。

梦想起航

缓缓响起的《老师，再见了》，手捧鲜花的幼儿代表向老师献花致敬，所有毕业生再次挥手告别，依依不舍的师生情……许多人悄悄地擦拭着情不自禁流下的泪水。

最后，毕业典礼在一段《跟彩虹一起成长》的歌唱表演中落下了完美的帷幕。毕业典礼，宣告着幼儿园生活的结束，也预示着他们将在一片更广阔的天地里展现自我的风采。放心去飞，愿你们飞得更高更远！

五彩的气球代表着希望，载着鲤中实幼全体老师们对孩子诚挚的祝福，让我们在这样深情的夜晚，一起放飞希望，开启祝福。毕业典礼是短暂的，但幼儿园生活的回忆却是甜蜜而长久的，不管孩子们走得多远，飞得多高，鲤中实幼永远是大家最温暖的家！

　　让我们在成长中寻觅快乐，在快乐中茁壮成长！

秋之篇

感恩系列活动

【课程意图】

　　一片叶子飘落之际,季节便转换了色彩,盛夏过去后,眼前已然是一派初秋的金黄。果园飘香,田野尽欢,辛勤耕耘的园丁,挥汗中的喜悦,这是一个收获的季节;"捧着一颗心来,带着一棵草去",老师的爱最是无私;月夜下赏月吃饼"最是故乡明",团团圆圆的中秋节,浓浓的亲情,是生活的宁静和幸福;桂花糕、捶背揉肩、承欢膝下,同乐儿时的记忆,中华美德在祖孙的嬉戏玩耍中流淌,孝道文化悄然心间;"厉害了我的国",大好河山、中国文明、中国制造……跳跃着我们的自豪、骄傲和感动!在秋天这美好的季节里,我们邂逅那一抹抹的绚烂,珍藏那一个个的节日,空气中弥漫着的是甜蜜、喜悦与悸动!

　　"绿水青山就是金山银山",我们感叹大自然丰盛的馈赠,享受着大自然美妙的盛宴,农活小能手,果蔬DIY,我们都是"自然之子",感恩自然的赐予,做环保小卫士义不容辞。丰收的喜悦让我们想起生命中的那些美好,秋天,实在是个感恩的季节,一切真情的回馈,为这个多彩的季节,增添了一抹温馨的亮色。

　　感恩是对自然、社会和他人给自己的恩惠和方便由衷地认可,真诚回报的一种认识、情感和行为,是对在自己生存和发展过程中产生过积极作用的人和事物的一种感激与回报。"滴水之恩,涌泉相报"。自古以来,知恩图报就是中华民族的传统美德。只是，如今的孩子，他们接受了太多的爱，"感恩"一词对于他们来说是陌生的。鸦有反哺之义，羊有跪乳之恩。拥有一颗感恩的心，才会懂得回报父母的养育之恩，才会懂得珍视学校老师教育之恩，拥有一颗感恩的心，才会懂得珍惜社会和大自然供养之恩；才能更深刻地体会到自己的责任和义务。为此，我们将利用秋天独有的课程资源，承接夏天"爱的呵护"，继续以"爱"为引线，举行一系列有关"爱和感恩"的活动，使心怀感恩、实践感恩贯穿在孩子会生活、学做人、懂得爱的一切生活体验中，儿童在感恩生活中体验美好的情感、迎来真情的回馈，收获幸福与快乐。

秋天给了我们无限的憧憬和遐想，也给了我们梦想的向往，让我们和孩子们一起热爱生活、懂得感恩、积极进取，用心感悟秋天带给我们的收获吧！

【课程预期目标】

1. 能关注周围事物的变化，感受秋天的美。

2. 感受与教师、家长、同伴共庆佳节的快乐，萌发爱老师、爱同伴、爱爸爸、妈妈、爷爷、奶奶和爱家乡、爱祖国的情感。

3. 体会成长过程中许多人对自己的爱与帮助，感受被关爱的幸福。

4. 学会感恩，运用多种方式表达自己的感激之情。

【课程内容】

一、幸福同行

1. 感怀师恩。

——老师本领大——小记者采访记。

——我给老师的礼物——花香谢师恩。

——老师，我想对您说——浓浓师幼情。

2. 爱在重阳。

——节日习俗故事（子路负米等孝道故事）。

——爷爷奶奶知多少（调查活动）。

——爷爷奶奶的画像。

——我的家谱。

——我为爷爷奶奶做事情。

——生活播报。

——爷爷奶奶健康长寿宴。

——"浓浓话亲情，喜庆合家欢"红歌会。

——"温馨九九，约会重阳"亲子活动。

3. 情暖中秋。

——中秋仪式感。

——观察月亮的变化。

——我来做月饼。

——送月饼。

——中秋博饼乐。

——中秋家宴。

——月饼传温情。

二、歌唱祖国

1. 祖国知多少。

——中国文字。

——四大发明。

——名胜古迹。

——中国之最。

——56个民族一家亲。

——多彩的民间游戏。

2. 我的国庆我来乐。

3. 厉害了我的国。

4. 我的旅游故事。

5. 我的梦想。

——我当解放军。

——科学家有功劳。

6. "阳光暖娃欢乐庆国庆"联欢会。

三、拥抱自然

1. 寻找秋天。

（1）秋天的落叶（寻找各种树叶、观察叶脉、树叶拓印、树叶找影子、亲子树叶创作贴画）。

（2）秋天的花卉。

（3）秋天的果实。

——采摘计划。

——秋天的果园。

——绿色的茶园。

——丰收的田野。

——品尝丰收的果实。

2. 我是小菜农。

3. 秋天的盛宴。

（1）水果拼盘、果蔬 DIY、榨果汁。

（2）"天耀中华"艺术创作比赛。

4. 生活小能手。

（1）大带小生活自理能力比赛。

（2）农作物自理能力比赛。

【课程实施过程方案】

课程方案一：感怀师恩

一个人的成长、成功，一个民族、一个国家的发展进步，都凝聚着教师辛勤的汗水。在幼儿园里，老师对孩子的细心、耐心、爱心、恒心，那都是老师对孩子爱的表现，尊师重教是我国的传统美德，为发扬尊师重教的优良传统，让幼儿在活动中学会感恩。结合教师节的节日教育，开展"感怀师恩"主题教育活动。本次活动以孩子感受老师的爱展开，进而开启孩子用行动回馈老师的系列活动。

一、活动内容

感怀师恩。

二、活动预期目标

1. 知道 9 月 10 日是教师节，是老师们的节日。

2. 知道教师工作的辛苦，尝试用自己的方式表达对老师的爱。

3. 懂得知恩感恩，会尊重教师，与教师共享节日快乐。

三、活动时间

9月。

四、活动准备

1. 经验准备：了解教师节相关的知识和信息。

2. 物质准备：前期各班布置与节日有关的主题墙饰和节日环境，开展有关教师节主题教育活动。

五、活动安排

大班相关教育活动安排（第一周）

	活动项目		活动内容
周活动安排	户外活动		和老师玩贴烧饼、磁性人、红灯绿灯小白灯、炒豆子等等小时候玩过的游戏
	主题系列活动		感恩你我，爱在金秋——幸福同行·感怀师恩
	集体活动		[语言] 老师本领大（文学活动）
			[语言] 我对老师知多少（谈话）
			[社会] 我爱我的老师（人际交往）
			[艺术] 我有两个家（歌唱）
			[科学] 老师的节日
			[社会] 教师也过节
	活动区游戏	表现性	[装扮区] 我心中的幼儿园、邮电局、小吃店
			[表演区] 我是幼儿园老师、小羊和狼、小蝌蚪找妈妈
			[建构区] 我的幼儿园、我心中的小学
			[美工区] 送给老师的礼物——节日贺卡、我的老师（绘画）
		探索性	[数学区] 图形分一分、生活中的数字、扑克接龙
			[科学区] 喷水瓶
		欣赏性	[阅读区] 给老师的爱、我对老师知多少、老师本领大
			[展示区] 送给老师的礼物、我的老师、意愿画、老师的微笑
		运动性	和老师一起游戏
	生活活动		会主动使用礼貌用语，对人说话态度和气。

(续表)

周活动安排	家园共育	在孩子的日常生活中引导孩子感受社会、家庭、幼儿园对孩子的关心和爱护，提升孩子的幸福感，从而回馈身边的爱，提升孩子的责任感。
	班级环境创设	1. 布置教师节班级主题环境、制作贺卡。 2. 粘贴教师和幼儿平时的生活照。
	备注	班级根据实际情况适当增、删活动。

中班相关教育活动安排（第一周）

周活动安排	活动项目		活动内容
	户外活动		和老师一起玩小时候的游戏
	主题系列活动		感恩你我，爱在金秋——幸福同行·感怀师恩
	集体活动		［社会］老师的节日、老师我爱你（人际交往）
			［语言］老师的本领（儿歌）、老师的手（诗歌）
			［科学］老师的影子（自然科学现象）
			［科学］老师的家（数）
			［艺术］我的老师像妈妈（歌唱）
	活动区游戏	表现性	［建构区］幼儿园、各种各样的楼房、滑滑梯
			［装扮区］我的老师像妈妈、照相馆、公交车
			［美工区］我的老师（绘画）、我做贺卡送老师（手工）、爱心杯（手工）
		探索性	［数学区］老师的家、图形组合、送图形回家
			［沙水区］玩沙、玩水
			［科学区］老师的影子、有趣的弹性
		欣赏性	［阅读区］亲亲我的老师、尼尔森老师不见了！（绘本阅读）
			［展示区］我的老师、贺卡（手工）、爱心杯（手工）
		运动性	和老师一起游戏
	生活活动		感受老师爱的情感，并懂得回馈身边的爱，懂得感恩，感受获得的幸福感。
	家园共育		家长帮助幼儿了解有关教师节的内容，感受活动带来的快乐，增进爱老师的情感。

(续表)

周活动安排	班级环境创设	创设有关教师节主题环境。
	备注	班级根据实际情况适当增、删活动。

小班相关教育活动安排（第一周）

	活动项目		活动内容
周活动安排	户外活动		玩球、飞盘、彩条、吹泡泡等
	主题系列活动		感恩你我，爱在金秋——幸福同行·感怀师恩
	集体活动		[社会] 老师像妈妈（谈话活动）
			[社会] 我很棒（自我成长）
			[语言] 老师您真好（谈话活动）
	活动区游戏	表现性	[建构区] 花儿朵朵
			[表演区] 小鸡找妈妈
			[装扮区] 我当老师
			[美工区] 爱心送给您（手工）、我的好老师（绘画）
		探索性	[科学区] 切水果、拼拼乐、钓鱼
			[种植区] 沙水区、我的小盆栽
		欣赏性	[阅读区] 我们的相册、头饰、手偶
			[美工区] 我爱老师、瓶盖、有趣的泥
		运动性	和老师一起游戏
	生活活动		能高高兴兴上幼儿园。
	家园共育		帮助孩子建立"我长大了，我要上幼儿园，我会喜欢幼儿园的生活"的自信。
	班级环境创设		营造温馨的氛围，欢迎小朋友入园。
	备注		班级根据实际情况适当增、删活动。

六、活动片段

（一）大班活动片段

1. 老师本领大——小记者采访记。

大班幼儿正处在十万个为什么的年纪，他们对每天陪伴他们的老师和幼儿园职工都有很多问题想问。在教师节,大班孩子化身为小记者,通过"小记者在行动"的活动亲近教职工。活动前孩子们自由组合、讨论分工。每组分别设有采访员、记录员、摄影师、播报员等角色。采访过程中各位小记者分工明确、各司其职,采访员拿着话筒提问,记录员忙着将老师的回答记录下来,摄影师不停地变换位置拍摄采访的过程……通过前期准备和活动中老师耐心的回答,大班幼儿对老师的了解更加深入,对老师的喜爱之情也越加深厚。同时,在学习采访老师的过程中,锻炼了同伴间相互合作和社会交往能力。

2. 花香谢师恩——我给老师的礼物。

大班的孩子在情感上已有了提升,懂得用充满童趣的方式来表达——画我的老师、制作贺卡、送鲜花等等,孩子们用自己的方式表达对老师的情感,不仅锻炼了自己的动手能力,也加深了师幼间的感情。

3. 浓浓师幼情——老师,我想对你说。

宝贝们和老师已相处两年多了,幼儿们喜欢老师,喜欢上幼儿园。"老

师，我想对您说"活动给予幼儿一个和老师交流的机会，让幼儿把对老师的爱大声说出来！

（二）中班活动片段

1. 我眼中的老师。

语言领域《尼尔森老师不见了！》，通过绘本阅读，孩子们知道"好老师"和"坏老师"都是爱孩子的老师，鼓励孩子们大胆用完整的语言、具体的动作表达爱的情感。数学《按物体的数量分类》中，以保育老师工作辛苦为导入，让孩子动动头脑想办法帮助老师解决问题。音乐《我的老师像妈妈》中，孩子能用歌声表达对老师的爱。美术《我的老师》通过孩子的手画出他们心目中老师的样子，加深孩子对老师的认识和热爱之情。同时，我们在区域活动中，在阅读区投放了有关教师的绘本《亲亲我的老师》，帮助孩子进一步去感受老师对小朋友的爱，从而激发孩子的感恩之情。

2. 送给老师的礼物。

美术活动《送给老师的贺卡》，这些贺卡是孩子们利用周末放假时间在家和爸爸妈妈一起动手制作的，作为送给老师的教师节礼物。孩子们制作的贺卡各种各样，但都是对教师一种爱的表现，通过这些贺卡，加深了孩子对教师的情感。课程设置不仅仅体现在五大领域当中，我们也融入到各个功能室，比如我们走进宝贝厨房，孩子们通过自己的劳动，制作了一份份水果拼盘，作为送给教师的礼物，活动过程中不仅仅收获了食物，也加深了对教师的爱。在区域活动中，在阅读区投放了上周语言课上过的绘本《尼尔森老师不见了！》，继续让孩子阅读，在美工区中我们投放了卡纸、吸管、毛根、折纸等不同的材料，制作送给教师的礼物：爱心手提包、我眼中的老师、纸花等，鼓励孩子们学会回馈爱，同时体验感恩行动后的美好感受。

(三) 小班活动片段

1. 魔法抱抱。

小班幼儿刚来到幼儿园会产生焦虑的情绪，教师成为了他们在幼儿园首要依赖的对象，每天早晨幼儿来园，教师给他们一个拥抱会让他们感到温暖，对教师产生信任，并且减轻焦虑的情绪。

2. 我与老师做游戏。

游戏是孩子的天性，它对孩子今后的成长

发展具有十分重要的作用。教师参与幼儿的游戏，使他们感到教师是他们的亲密伙伴，与教师在一起感到自然、温馨，没有压抑感，让幼儿生活在一个轻松、愉快的环境中，在集体中获得全面的发展。孩子们在游戏中不仅学到了好听的儿歌，还懂得了与伙伴们团结协作，促进了社会交往能力的提升。

3. 画个爱心送给你。

与教师们相处有一段时间了，孩子们对教师的信任和喜欢也在一天天地增长，请孩子们画一颗爱心送给教师，表达对教师的喜爱之情，不仅提高了孩子的动手能力，还增进了师生之间的情感。

4. 我的老师像妈妈。

教师不仅仅承担着教育者的角色，也要照顾孩子们的生活。特别是刚入园的小班孩子对教师节的概念还很模糊，单单从儿歌、文字中比较难理解教师的含义。教师在孩子的学习生活中对他们事无巨细地照顾与关心，给孩子喂饭、整理被子、梳头发、准备点心等等，让孩子们能够真真切切地感受到教师付出的爱。

课程方案二：爱在重阳

"乌鸦反哺""羊羔跪乳"是多么直白的感恩回报行为！这个月份系列活动，仍延续爱的主线，在爱的引领下回馈爱，提升爱。从感知到行动，让爱的本能温暖大家。结合重阳节敬老，让孩子们体验与老人间浓浓的亲情，并用自己的行动来表达对爷爷奶奶的情感，能把享受"长辈的爱"的感情进行迁移，让孩子们去爱自己身边的每一位老人，让敬老爱老传统美德在孩子们幼小的心灵萌芽滋长，在生活中自然地走进感情的世界，体验幸福生活的喜悦，同时也让老人们为自己孩子的成长与进步感到欣慰与骄傲。

一、活动内容

爱在重阳。

二、活动预期目标

1. 知道农历九月初九是我国的重阳节，又叫"老人节"，了解重阳节的习俗。

2. 喜欢爷爷奶奶，主动表达对爷爷奶奶的关心与感激之情，乐意为爷爷奶奶做力所能及的事。

3. 体验与爷爷奶奶共同过重阳节的快乐。

三、活动准备

（一）经验准备

1. 请家长和幼儿一起了解有关重阳节的知识。

2. 了解爷爷奶奶在家做了哪些事情，并记录下来。

3. 幼儿在家和爸爸妈妈一起制作一张感恩卡，写上祝福的话，邀请爷爷奶奶参与活动。

（二）物质准备

师幼共同布置活动室环境，准备重阳糕等食品。

（三）资源利用

邀请幼儿的爷爷奶奶来园参加活动。

四、活动安排

大班相关教育活动安排

	活动项目		活动内容
周活动安排	户外活动		玩球、飞盘、彩条、民间游戏
	主题系列活动		感恩你我，爱在金秋——幸福同行·爱在重阳
	集体活动		［语言］《重阳节快到啦》（谈话活动）、《子路负米》（故事） ［社会］九九重阳节（社会文化） ［艺术］《我爱爷爷奶奶》（歌唱表演） ［综合活动］我和爷爷奶奶同过节 ［实践活动］我为爷爷奶奶做点事
	活动区游戏	表现性	［装扮区］快乐的一家、旅游团、小吃店、医院 ［建构区］我们的社区、亭子 ［表演区］小熊请客、小猪盖房子 ［美工区］送给爷爷奶奶的贺卡、剪窗花
		探索性	［数学区］图片找家分类、叠叠高 ［科学区］自然测量、中国地图、火箭升天、挑小棒 ［生活操作区］系鞋带、洗贝壳、剥花生、编一编 ［沙水区］秋天的公园
		欣赏性	［阅读区］子路负米、重阳节的传说、小小播报员 ［展示区］制作家谱
		运动性	探索可以和爷爷奶奶一起玩的民间游戏
	生活活动		1. 秋天天气转凉，养成早睡早起的好习惯，懂得增添衣物。 2. 学习系鞋带。
	家园共育		引导幼儿关爱爷爷奶奶，为爷爷奶奶做力所能及的事，并收集幼儿尊敬老人、为老人做事的照片。
	班级环境创设		1. 粘贴分享幼儿为老人做事的照片。 2. 收集秋天的美景。
	备注		班级根据实际情况适当增、删活动。

中班相关教育活动安排

	活动项目	活动内容
周活动安排	户外活动	民间游戏
	主题系列活动	感恩你我，爱在金秋——幸福同行·爱在重阳
	集体活动	[健康] 制作重阳糕 [社会] 九九重阳节（社会文化） [语言] 重阳乐（儿歌） [艺术]《我爱爷爷奶奶》（律动） [实践活动] 重阳节登山亲子活动（社会文化）
	活动区游戏 表现性	[装扮区] 理发店，香香小吃店 [建构区] 小动物，马路上各种各样的楼房 [表演区] 大家的果园、闪亮小舞台、小熊过桥 [美工区] 送给爷爷奶奶的贺卡、重阳糕、美丽的云彩、画蛋糕
	活动区游戏 探索性	[数学区] 各种形状的卡片、切蛋糕、摇骰子 [科学区] 报纸、广告纸、秋天的花、糖不见了 [沙水区] 玩沙、玩水
	活动区游戏 欣赏性	[阅读区] 一朵云帽子、采蘑菇的故事、我的好朋友
	活动区游戏 运动性	探索可以和爷爷奶奶一起玩的游戏
	生活活动	学会简单折叠自己的衣物。
	家园共育	1. 请家长带幼儿到菜市场，看看并说出各种蔬菜、肉类、蛋类、水产品的名称。 2. 请家长在家鼓励孩子帮助爷爷奶奶做一些力所能及的事情，如给他们捶背、敲腿、洗碗等，并拍照记录。
	班级环境创设	1. 布置重阳节温馨环境。 2. 收集秋天的美景。
	备注	班级根据实际情况适当增、删活动。

小班相关教育活动安排

<table>
<tr><td rowspan="13">周活动安排</td><td colspan="2">活动项目</td><td>活动内容</td></tr>
<tr><td colspan="2">户外活动</td><td>跟着走、搭火车、吹泡泡、玩大型运动器械等</td></tr>
<tr><td colspan="2">主题系列活动</td><td>感恩你我，爱在金秋——幸福同行·爱在重阳</td></tr>
<tr><td colspan="2">集体活动</td><td>［社会］九九重阳节（社会文化）
［语言］重阳到（文学活动）、九月九（儿歌）
［艺术］给爷爷奶奶敲敲背捶捶腿（歌词活动）
［综合活动］"温馨九九，约会重阳"亲子活动</td></tr>
<tr><td rowspan="6">活动区游戏</td><td rowspan="3">表现性</td><td>［美工区］送给爷爷奶奶的画像、国旗国旗真美丽、欣赏哥哥姐姐的画、制作节日礼物：爱心卡（手工）</td></tr>
<tr><td>［表演区］小兔乖乖</td></tr>
<tr><td>［装扮区］娃娃家
［建构区］花儿朵朵</td></tr>
<tr><td rowspan="2">探索性</td><td>［科学区］好吃的水果、我喜欢的玩具、各种各样的月饼</td></tr>
<tr><td>［生活操作区］舀一舀、拉拉链、青蛙跳跳</td></tr>
<tr><td>欣赏性</td><td>［阅读区］九九重阳节、我爱我的家乡、幼儿绘本</td></tr>
<tr><td>运动性</td><td>探索可以和爷爷奶奶一起玩的游戏</td></tr>
<tr><td colspan="2">生活活动</td><td>进餐时不挑食、不大声说话。</td></tr>
<tr><td colspan="2">家园共育</td><td>请家长引导幼儿在日常生活中养成关心爷爷奶奶的意识。</td></tr>
<tr><td colspan="3">班级环境创设</td><td>1. 重阳节主题墙布置。
2. 丰富区域材料。</td></tr>
<tr><td colspan="3">备注</td><td>班级根据实际情况适当增、删活动。</td></tr>
</table>

五、活动片段

（一）大班活动片段

1. 节日习俗故事（子路负米）。

"百善孝为先"，聆听"子路负米孝母"的故事，让孩子知道孝敬父母、尊重老人的传统美德。

2. 爷爷奶奶知多少？

"我身边的爷爷奶奶"问卷调查表

调查员：_____ 调查对象：_____ 生日：_____ 属相：_____

爷爷奶奶喜欢吃的东西有哪些？	
年轻时是做什么工作的？有什么本领？	
爷爷奶奶的爱好是什么？	
我能为爷爷奶奶做些什么？	
我想对爷爷奶奶说句贴心话。	

备注：可以用画画、文字等喜欢的方式进行记录，并收藏宝贝们每天为爷爷奶奶做事的照片，进行分享。

3. 爷爷奶奶的画像。

根据大班孩子的年龄特征及创作欲望，在欣赏感受的基础上，分组提供材料，进行自主创作。

4. 我的家谱。

更深入认识爷爷奶奶的伟大，知道家族人员的关系和亲密感。

5. 我为爷爷奶奶做事情。

坚持每天在家中为爷爷奶奶做事情,给奶奶捶捶肩、按摩、洗脚、做家务。

6. 生活播报。

建立相册,在班级设立"小小播报员",让孩子们轮流分享自己在家里的表现,比如:昨天我为爷爷奶奶做了什么事?我是怎么做的?我的感受是什么?爷爷奶奶说了什么……

7. 爷爷奶奶健康长寿宴。

三代同堂庆重阳,爷爷奶奶们在爸爸妈妈的陪同下来到幼儿园,共度难忘重阳节。孩子们在活动中感受到与老人之间浓浓的亲情,父母用自己的实际行动从侧面来引导孩子学会感恩,懂得如何尊敬长辈、体谅父母、关爱他人,把孝敬老人的传统美德灌溉到孩子们幼小的心田中。

8. 国庆重阳双节红歌会。

红歌是中华民族宝贵的精神财富，红歌精神催人奋进，激励斗志。此次红歌会，展现出了爷爷奶奶的风采，他们敞开心扉，释放激情，唱响红色经典！可爱的宝贝们更唱出了对祖国无限热爱的情怀，唱出了对祖国的赞歌，同时在活动中也了解了重阳节的习俗。可爱的宝贝们和爷爷奶奶共同度过快乐难忘而有意义的节日。

（二）中班活动片段

1. 九九重阳节，暖娃敬老情。

秋美，重阳到。重阳是一个登高望远、品糕赏菊的节日，亲友相约登高结队爬山，自古是重阳节的主要习俗。在这特殊意义的日子里，我园中班段举办了"九九重阳节，登山情意浓"的主题活动，带领宝贝们走进大自然，感受与长辈同乐的美好亲情，锻炼宝贝们不怕苦、不怕累的意志力，也让爷爷奶奶们体会到孙子陪伴登山的天伦之乐，同时为老师、父母、孩子创造更多沟通交流的机会，增进亲子间的情感，将重阳节尊老爱老的传统美德传承下去。

2. 重阳登高日，共叙夕阳情。

老师和宝贝、家长边登山边交流，鼓励宝贝们独自登山，一路上其乐融融。

到达山顶后以班级为单位集合歇息一会儿,老师组织幼儿互相分享登山感受。

抵达咯!我们速度很快吧!

歇息完后,各班的宝贝们为爷爷奶奶们表演小节目,送上祝福语,还给爷爷奶奶捶捶背、揉揉肩。宝贝们甜美动听的歌声环绕在山上,也钻进了爷爷奶奶的心里,让爷爷奶奶心里乐开了花!

我来表演小节目!

浓浓祖孙情——和爷爷奶奶一起玩游戏！

欢乐之余，宝贝们纷纷拿出自己带的美食与大家一起分享，体验分享美食带来的快乐。

> 祝爷爷、奶奶、外公、外婆重阳节安康，健康长寿，永远年轻！

在此次活动中宝贝们了解到了重阳节的来历、习俗，懂得了中华传统美德——敬老与孝道，增进了祖孙之间的情感，让尊老、敬老的美德永驻孩子心中。

> 下山咯！
> 一天下来，所有人都是累的，但又是快乐幸福的，老人笑了，宝贝笑了，我们也笑了……

（三）小班活动片段（温馨九九，约会重阳）

重阳节是中华民族的传统节日。小班段的宝贝们也踊跃参与此次"敬老、爱老"的重阳节活动。这天，小班段全体爷爷奶奶齐聚在幼儿园参加重阳节亲子活动。

活动一开始,小宝贝们就迫不及待地为爷爷奶奶带来重阳节儿歌和舞蹈表演。听着宝贝们甜甜的祝福声,看着宝贝慢慢地长大,感受到宝贝们怀着一颗感恩的心,爷爷奶奶们心里面非常欣慰,也乐开了花,观看时连连拍手叫好。

玩累了,孝顺的宝贝们在愉悦的音乐声中给辛苦的爷爷奶奶敲敲背、捶捶腿。爷爷奶奶们笑得合不拢嘴,也有很多老人红了眼眶。

重阳节当然少不了吃重阳糕了，快看！我们的小宝贝们已经试着将重阳糕、菊花茶小心翼翼地送到爷爷奶奶的嘴里了，可把爷爷奶奶乐开了怀，一把抱过宝贝，现场一片其乐融融。

爱是看不见的语言，爱是摸不到的感觉，爱是我们小小的心愿，宝贝们还为爷爷奶奶准备了节日礼物呢！宝贝们快献上你们的祝福吧！

课程方案三：情暖中秋

中秋节是我国的传统节日。一年一度的中秋佳节，是孩子们观赏月亮、品尝月饼、学习分享的大好时机。"情暖中秋"主题活动立足幼儿的生活经验，以中秋节为主题设计和组织丰富多彩的活动，有助于帮助幼儿初步了解中秋节的相关文化，感受花好月圆和阖家团圆的美好氛围，加深对父母和亲人的感情。家长通过赏月、家人团聚、欣赏精彩的传统节目——中秋之夜联欢晚会，给孤寡老人送月饼等形式展开情感教育，让幼儿感受和体验中华民族文化的丰富和多样性。

一、活动内容
情暖中秋。

二、活动预期目标
1. 初步了解传统节日中秋节的来历及有关习俗，知道中秋节是家人团聚的节日。
2. 积极参与各种节日的筹备及庆祝活动，体验与同伴分享月饼的快乐。
3. 感受家人团聚的温暖，能用各种方式表达自己的情感。

三、活动准备
1. 经验准备：了解中秋节相关的知识和信息。
2. 物质准备：前期各班布置与节日有关的主题墙饰和节日环境。

四、活动安排

大班相关教育活动安排

	活动项目	活动内容
周活动安排	户外活动	魔法师与小机灵、老鹰来了、玩轮胎、玩大型器械玩具
	主题系列活动	感恩你我，爱在金秋——幸福同行·情暖中秋
	集体活动	［科学］分月饼（集合） ［语言］团团圆圆过中秋（谈话） ［艺术］圆圆的中秋节（歌唱） ［科学］月儿圆不圆（自然科学现象） ［综合活动］做月饼（健康饮食活动） ［社会］博饼同乐（综合活动）

(续表)

周活动安排	活动区游戏	表现性	[装扮区] 月饼商店、月饼加工厂、月饼一条街
			[美工区] 月饼甜甜、包装月饼
			[建构区] 月饼商店
			[表演区] 十五的月亮、爷爷为我打月饼
		探索性	[数学区] 博饼同乐、分月饼、生活中的数字
			[科学区] 月儿圆不圆、筷子游戏、纸飞机、站起来
			[种植区] 我的小盆栽、蒜宝宝、照顾小乌龟
		欣赏性	[阅读区] 团团圆圆过中秋、中秋节日绘本阅读、野牵牛、微笑
		运动性	掷骰子游戏
	生活活动		1. 养成有规律的作息习惯，定时入睡、起床。 2. 对人热情、尊敬长辈。
	家园共育		1. 请家长与幼儿一起收集有关中秋的小故事和传统习俗、礼仪。 2. 请家长收集各种各样的月饼盒、月饼礼品袋、中秋节贺卡、图片、灯笼等资料创设班级环境。
	班级环境创设		"感恩团圆，情暖中秋"主题环境创设。
	备注		班级根据实际情况适当增、删活动。

中班相关教育活动安排

	活动项目	活动内容
周活动安排	户外活动	捉影子、拾蛋、蜗牛走路
	主题系列活动	感恩你我，爱在金秋——幸福同行·情暖中秋
	集体活动	[语言] 中秋节的传说（文学活动）
		[语言] 我与月亮的对话（文学活动）
		[艺术] 爷爷为我打月饼（演奏）
		[社会] 嫦娥奔月（社会文化）
		[科学] 月亮的变化（自然现象）
		[综合活动] 做月饼（健康饮食活动）

(续表)

周活动安排	活动区游戏	表现性	[建构区] 各种各样的楼房、滑滑梯、花
			[装扮区] 月饼店、香香小吃店
			[表演区] 中秋团圆宴、小熊请客、小猪盖房子
			[美工区] 做月饼、画月饼、月亮姑娘穿衣裳
		探索性	[数学区] 博饼同乐、分月饼
			[科学区] 月儿圆不圆、筷子游戏
			[种植区] 我的小盆栽、蒜宝宝、照顾小乌龟
		欣赏性	[阅读区] 中秋的起源、月亮的假想、月亮船、小兔找家
			[展示区] 我设计的月饼、可爱的小兔
		运动性	掷骰子游戏
	生活活动	养成自己的事情自己做,长辈的事情帮着做的习惯。
	家园共育	1. 请家长与幼儿一起收集有关中秋的小故事和传统习俗、礼仪。 2. 请家长收集各种各样的月饼盒、月饼礼品袋、中秋节贺卡、图片、灯笼等资料创设班级环境。
	班级环境创设	和幼儿一起创设"感恩团圆,浓情中秋"主题环境。
	备注	班级根据实际情况适当增、删活动。

小班相关教育活动安排

	活动项目	活动内容
周活动安排	户外活动	大型滑梯器械、小兔跳跳等
	主题系列活动	感恩你我,爱在金秋——幸福同行·情暖中秋
	集体活动	[语言] 认识中秋节(谈话活动)、月亮下来吧(儿歌)、月亮的味道(故事)
		[社会] 中秋真快乐(人际交往)
		[科学] 月饼真多(数)、月亮姑娘做衣裳(模式)
		[艺术] 我为爷爷打月饼(音乐欣赏)
		[艺术] 做月饼(手工)
		[综合活动] 月饼分享会

(续表)

周活动安排	活动区游戏	表现性	［装扮区］月饼店、水果店、娃娃家 ［美工区］圆圆的月饼 ［表演区］爷爷为我打月饼 ［建构区］圆圆的月饼
		探索性	［数学区］赏月、认识圆形 ［科学区］切月饼、串珠、找盖子
		欣赏性	［阅读区］月亮下来吧 ［表演区］圆圆的月饼
		运动性	扔沙包、掷骰子
	生活活动		不哭不闹，能自己走进活动室。
	家园共育		1. 带幼儿参观月饼店。 2. 为孩子准备一块月饼，周五下午将在班级举行"月饼分享会"。
	班级环境创设		创设温馨的环境，迎接小朋友入园。
	备注		班级根据实际情况适当增、删活动。

五、活动片段

围绕主题"中秋节"开展活动，在家长的配合下，孩子们对中秋节的由来及中秋的习俗有了更进一步的认识，在共同活动中，孩子们真切地感受爱，懂得如何去爱别人。节日需要仪式感，只有在一系列的仪式和生活场景的氛围下，孩子才能获得自身成长。

1. 中秋仪式感。

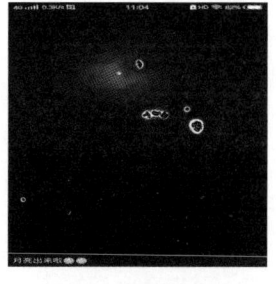

赏月 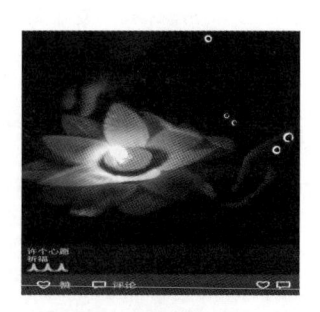　　　　　　　　　　　放许愿灯

合家欢

在活动的过程中,孩子们观察比较人们着装礼仪、做客、待客以及中秋节聚餐场合的就餐礼仪,学会与人共享节日的快乐,学会关心关注,从而养成学礼、用礼的好习惯。在"致家长一封信"中,我们倡议家长要提高自身礼仪素质,抓住中秋节真实情境,让幼儿进行礼仪实践。

2. 观察月亮的变化。

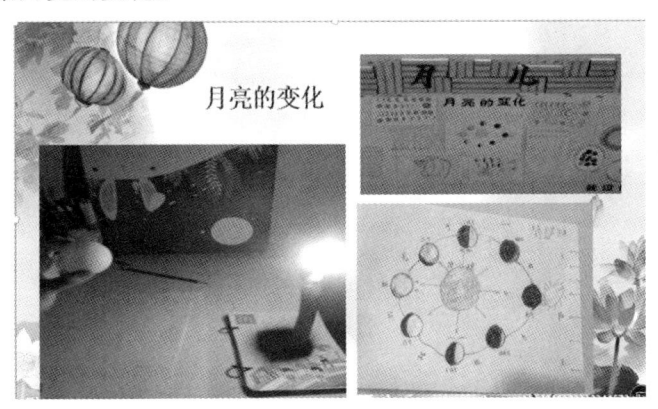

3. 我来做月饼。

4. 送月饼。

5. 中秋博饼乐。

6. 中秋家宴。

7. 月饼传温情。

孩子与家长们一起共同查阅资料，讲述节日的由来，增长了文化历史知识；家长跟孩子们一起吃月饼、赏月，一家人在一起高高兴兴地营造美好的节日气氛，在与亲人朋友相互表达关心、祝福和思念的时候，也增进了孩子与家人们的感情；在节日前鼓励孩子通过多种方式表达对父母及亲人的浓浓爱意，让孩子在家长的帮助下，每天记录自己做的有意义的事情。

课程方案四：歌唱祖国

送走了余热犹存的九月，我们迎来了金秋十月，一个值得庆贺的节日——国庆节也来到了。从古到今，爱国主义一直是永恒的主题。爱国是中华民族团结的基础，是每个中国人应有的一种深厚情感，特别对于低年龄段的孩子来说，应该将爱国主义教育寓教于乐，贯穿于一日生活之中。为此，我园开展了"歌唱祖国"主题系列庆祝活动。帮助幼儿加深对祖国的了解，增强民族自豪感，增强社会责任意识，报效祖国、回报社会，萌发作为一名中国人的骄傲和自豪。

一、活动内容

歌唱祖国。

二、活动预期目标

1. 了解祖国新貌，知道10月1日是祖国妈妈的生日。

2. 知道自己是中国人，用自己的方式表达对祖国妈妈的爱和祝福。

3. 激励幼儿参与丰富多彩的游戏活动，萌发幼儿作为中国儿童的自豪以及热爱祖国的情感。

三、活动准备

（一）经验准备

1. 了解国庆节相关的知识和信息。

2. 家长协助幼儿收集祖国各地的图片或照片，并讲出图片的内容。

3. 向幼儿介绍一处名胜古迹。

4. 向孩子介绍自己熟悉的城市情况（出差去过的地方），让孩子知道中国很大、很美等。

（二）物质准备：前期各班布置与节日有关的主题墙饰和节日环境，开展有关国庆节主题教育活动

四、活动安排

大班相关教育活动安排（第一周）

	活动项目	活动内容
周活动安排	户外活动	各地有趣的民间游戏
	主题系列活动	感恩你我，爱在金秋——歌唱祖国
	集体活动	［语言］欢欢喜喜庆国庆（谈话活动）
		［艺术］我爱北京天安门（歌唱）
		［社会］祖国妈妈的生日（社会文化）
		［社会］祖国是个大家庭（社会文化）、我是小小升旗手（社会适应）
	活动区游戏 表现性	［装扮区］美丽的我
		［建构区］家乡的公园、儿童游乐园
		［美工区］了不起的中国、我心中的国庆节、刮蜡画、礼花
	探索性	［数学区］祖国河山美（名胜古迹大统计）
		［科学区］火箭升天、造纸术、国宝大熊猫
		［种植区］我的小盆栽、蒜宝宝
		［沙水区］天安门、长城、美丽的家乡
		［生活操作区］制作旅游棋
	欣赏性	［阅读区］欢欢喜喜庆国庆、汉字的奥秘
	运动性	我是小兵
	生活活动	养成能够自己穿脱衣物，整理衣物的良好习惯。
	家园共育	请家长引导幼儿了解各地国庆节庆祝方式，共同收集祖国名胜古迹资料。

(续表)

周活动安排	班级环境创设	创设与国庆相关的环境。
	备注	班级根据实际情况适当增、删活动。

大班相关教育活动安排（第二周）

	活动项目		活动内容
周活动安排	户外活动		各地民间游戏
	主题系列活动		感恩你我，爱在金秋——歌唱祖国
	集体活动		[艺术] 大中国（歌唱）、国粹—京剧（欣赏）
			[艺术] 了不起的中国（律动）
			[综合活动] 汉字的奥秘
			[社会] 我是中国娃（社会文化）
	活动区游戏	表现性	[建构区] 北京天安门、幼儿园、摩天轮
			[表演区] 京剧、国旗多美丽
			[美工区] 漂亮的民族服饰（绘画）、我爱北京天安门（绘画）、京剧脸谱（绘画）
			[装扮区] 小吃一条街、图书馆、花店、银行
		探索性	[数学区] 漂亮的彩旗
			[科学区] 四大发明、纸张大变化、名胜古迹棋
			[生活操作区] 有趣的沙漏
			[沙水区] 民族园、天安门、长城
			[种植区] 种植大蒜、洋葱
		欣赏性	[阅读区] 十二生肖的来历
			[展示区] 戏说脸谱、漂亮的民族服饰、我爱北京天安门
		运动性	我是飞行员
	生活活动		学会穿鞋、系鞋带等生活技能，保持衣服整洁。
	家园共育		请家长与幼儿一起观看有关京剧的电视节目或录像，进一步激发幼儿对民间艺术的兴趣。
	班级环境创设		继续创设与国庆有关的环境。
	备注		班级根据实际情况适当增、删活动。

大班相关教育活动安排（第三周）

	活动项目		活动内容
周活动安排	户外活动		各地民间游戏
	主题系列活动		感恩你我，爱在金秋——歌唱祖国
	集体活动		［综合活动］唱山歌庆国庆 ［综合活动］中华民族园 ［综合活动］漂亮的民族服饰 ［综合活动］多彩的少数民族 ［综合活动］科学家有功劳
	活动区游戏	表现性	［装扮区］旅游团、小吃店、医院 ［建构区］长城、少数民族建筑 ［表演区］民族服饰时装秀、皮影戏 ［美工区］民族服饰、送给祖国妈妈的礼物、彩旗飘飘
		探索性	［数学区］分类、插国旗、纸牌游戏 ［科学区］脸谱、光和影子、中国地图、火箭升天、名胜古迹棋 ［生活操作区］刺绣、剪纸、洗贝壳、编一编 ［沙水区］挖战壕、筑天安门、万里长城
		欣赏性	［阅读区］民间艺术故事、伟大的祖国、祖国祖国我爱你、我是中国小娃娃 ［展示区］京剧脸谱、民间剪纸艺术、送给祖国妈妈的礼物、小彩旗
		运动性	跳花竿
	生活活动		遵守有关活动规则，不影响别人。
	家园共育		请家长引导幼儿了解少数民族的相关资料，并与幼儿一起完成"我知道的少数民族"调查表。
	班级环境创设		创设有关民族一家亲的班级环境，增添区域材料，展示幼儿的美工作品。
	备注		班级根据实际情况适当增、删活动。

中班相关教育活动安排

	活动项目	活动内容
周活动安排	户外活动	各地有趣的民间游戏
	主题系列活动	感恩你我，爱在金秋——歌唱祖国
	集体活动	[语言] 了解国庆节（谈话） [语言] 祖国我爱你（文学） [艺术] 国旗多美丽（歌唱） [社会] 祖国祖国我爱你（文明礼仪） [社会] 我爱我的家乡（社会文化）
	活动区游戏 表现性	[装扮区] 照相馆 [美工区] 美丽天安门、红旗飘飘 [表演区] 三只蝴蝶、下雨了 [建构区] 美丽天安门、儿童乐园、阳光小区
	活动区游戏 探索性	[数学区] 旗子排序 [科学区] 神奇的磁铁、火箭飞得高 [沙水区] 玩沙、玩水
	活动区游戏 欣赏性	[阅读区] 祖国祖国生日好 [展示区] 美丽的国旗
	活动区游戏 运动性	快乐运输、小飞行员
	生活活动	愿意与他人分享食物和玩具。
	家园共育	1. 在生活中请家长引导幼儿了解祖国大好河山和名胜古迹等，感知祖国的伟大，培养幼儿的爱国情怀。 2. 请家长和幼儿共同收集国庆节出游的车票、门票、照片等，引导幼儿讲讲"我的国庆节"。
	班级环境创设	创设与国庆相关的环境。
	备注	班级根据实际情况适当增、删活动。

小班相关教育活动安排

	活动项目	活动内容
周活动安排	户外活动	各地有趣的民间游戏
	主题系列活动	感恩你我，爱在金秋——歌唱祖国
	集体活动	［综合活动］祖国妈妈的生日（社会文化） ［艺术］庆祝节日咚咚锵（歌唱） ［语言］我的国庆节（谈话活动） ［综合活动］我喜欢的小吃 ［综合活动］我家附近的地方
	活动区游戏 表现性	［装扮区］娃娃家 ［美工区］祖国妈妈的生日蛋糕（手工）、国旗真美丽 ［表演区］小铃铛 ［建构区］绣球
	活动区游戏 探索性	［数学区］认识圆形、铺路 ［科学区］好玩的不倒翁
	活动区游戏 欣赏性	［阅读区］祖国祖国生日好、我爱老师、小乌龟上幼儿园 ［展示区］美丽的国旗
	活动区游戏 运动性	滚滚乐、踩高跷
	生活活动	养成不乱扔垃圾，不随地吐痰的好习惯。
	家园共育	1. 和幼儿说说家乡的美景，尝尝家乡的美食。 2. 积极与幼儿沟通，谈谈有关幼儿园的趣事，帮助幼儿喜欢上幼儿园。 3. 和幼儿一起收集了解有关国庆的知识。
	班级环境创设	创设与国庆相关的环境。
	备注	班级根据实际情况适当增、删活动。

五、活动片段

1. 祖国知多少？

（1）有趣的汉字。

（2）中国四大发明。

(3) 中国名胜古迹。

美丽的中国大地，山川壮丽多娇，自然景观多姿多彩，有广阔的平原，雄浑的高原，绵延的山脉，浩瀚的沙漠，茂密的森林和一望无际的大草原，还有世界上最高的高原和山峰，长江、黄河宛如两条巨龙，奔腾向东，流入海洋。数千年来，生活在这广阔国度里的各族人民，共同创造了光耀世界的中华民族精神文化，留下了数以千计的文化名胜，装点着锦绣中华。

(4) 中国之最。

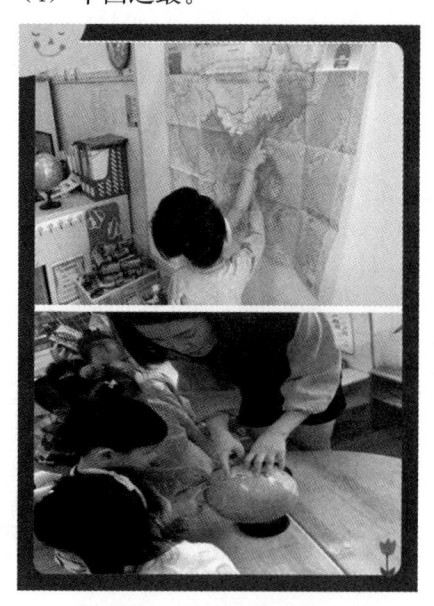

中国在亚洲的东部；
中国地大物博；
中国有长江；
中国有黄河；
台湾岛和福建面对面；
我们的家乡在福建。

——我国最长的河流叫长江。

——最大的广场叫天安门广场。
——我国最长的城墙叫长城。
——最高的山峰叫珠穆朗玛峰。
——我国最大的城市叫上海。
——我国最珍贵的动物是熊猫。

这些都是我们中国的祖国之最,因为它们在中国是数第一的。

粘贴中国地图后,孩子们提出问题:"中国到底有多大"。孩子们用自己的方式提出问题,贴在墙上,回去查阅资料后,再来回答同伴的问题。随着问题的增多,孩子们的知识越来越丰富了。

(5)民族一家亲。

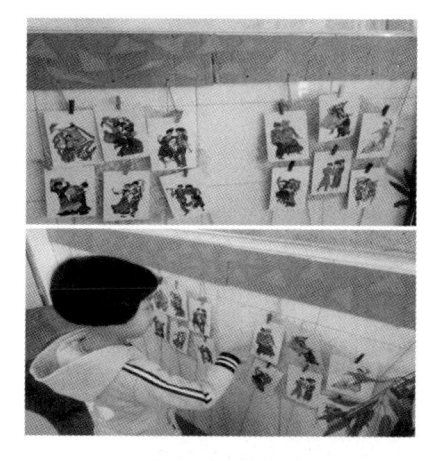

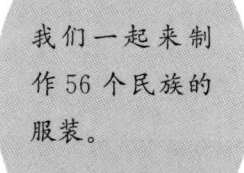

我们一起来制作56个民族的服装。

家长与幼儿一起完成"我知道的少数民族"调查表。

民族时装秀

我国是一个多民族的国家,每个民族的历史、文化、宗教、风俗习惯都不同,56个民族的灿烂文化在幼儿的心中播下"中华民族是一家"的种子。

(6)多彩的民间艺术。

本次活动向孩子介绍了京剧脸谱、剪纸的艺术、青花瓷,孩子们了解到祖国丰富多彩的传统文化,知道中国的传统民间艺术,增强他们作为中国人的自豪感。

2. 我的国庆我来乐。

小记者们进行了相关的采访：你想用什么方式为祖国妈妈庆祝生日？国庆七天假期想去哪里玩？请制订计划。

开展"新闻发布会"，汇报采访情况，相互分享交流采访的感受。

3. 厉害了我的国。

爸爸妈妈们陪孩子们一起收集资料，带孩子外出旅游，感受乘坐高铁、飞机穿梭在城市之间的便捷快速，体验着移动支付带来的便利，网络购物带来的方便，感受着无人超市带来的便利，使他们忍不住为我们的祖国鼓掌，为自己是中国人而自豪。

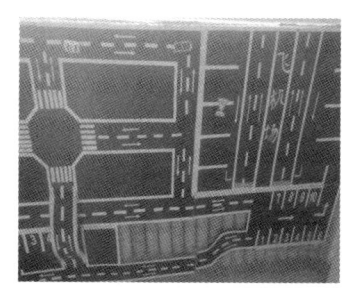

4. 我的旅游故事。

大中国有好多好玩的地方，留下了小朋友很多的足迹。与同伴共同欣赏游览各地的照片、录像，领略祖国山河的秀丽，并把自己旅游的小故事和大家一起分享。

5. 暖暖爱国情。

班级里有一部分孩子去过北京天安门，邀请她和小朋友们说说北京天安门。孩子们看着同伴拍回的国庆天安门广场升国旗的视频，感受到天安门建筑的雄壮与美丽，从而激发对祖国的热爱之情。他们在活动区画天安门，在建构区搭天安门、建长城，充满了爱国之情。

我爱北京天安门。

6. 我的梦想。

（1）我当解放军。

解放军叔叔是孩子们的崇拜对象，他们很喜欢玩与解放军有关的游戏，我们邀请解放军爸爸进班和小朋友们一起分享国防小知识。很多孩子希望长大后也能像解放军叔叔一样保卫我们的祖国。

我长大了，想当解放军，因为可以保家卫国。

（2）科学家有功劳。

幼儿通过上网搜集资料了解"航天科学家"这一特殊的职业。了解神奇的载人飞船，第一次上太空的宇航员是我们的杨利伟叔叔，并且能够了解他们的丰功伟绩，产生对自己祖国的敬仰和自豪之情。

为我国航天事业做出巨大贡献的科学家真能干，他们制造了先进的飞船、火箭、卫星等等，小朋友们要向科学家学习，从小好好学本领，长大后为祖国做贡献。

7. 阳光暖娃欢乐庆国庆。

9月29日晚上，鲤中实验幼儿园的全园师生、家长们齐聚在鲤声剧团举行"阳光暖娃欢乐庆国庆"联欢会，可爱的宝贝们、家长们、老师们带来丰富多彩的节目，共同庆祝祖国妈妈的生日，献上一片诚挚的情感！联欢会在《我和我的祖国》嘹亮的歌声中拉开了序幕。

铿锵有力的歌声在我们的耳边萦绕不绝，到了"祖国妈妈知多少"有奖知识抢答环节啦！孩子们、家长们踊跃回答，一张张可爱的笑脸把国旗映衬得更加鲜艳、美丽。宝贝们真是太聪明啦！

孩子们用优美的歌声，充满童真、童趣的笑脸表达了对祖国妈妈的热爱之情，进一步感知了中国的伟大和作为一个中国人的自豪，生活需要仪式感，给祖国过生日更需要仪式感，家园同庆的同时，希望以此进一步提升幼儿对国家的感知，萌生爱国的情怀，弘扬社会主义核心价值观。让全园师生、家长共同度过一个快乐而又有特殊意义的国庆节！

小结：

国庆系列活动中，孩子们感知到中国之大、中国之美、中国之强。各班孩子们通过采访、记录，选择自己对祖国妈妈感兴趣的话题进行调查，从中知道中国是个多民族的大家庭。与爸爸妈妈一起旅游了解各民族风俗；了解古代发明和传统手工艺，从扎染到京剧脸谱，从长城到宝岛台湾，从宣纸到神舟五号，孩子们从多方面感受到中国的强大，感受中国多元文化，从情感上进一步为自己是中国人而自豪。在了解了中国这幅绚丽多彩的画卷、祖国的大好河山、异彩纷呈的传统文化以及日新月异的现代科技后，孩子们纷纷发出感叹："哇，中国好漂亮！祖国妈妈好厉害！我也要去北京看看！"随着主题的一步步深入，孩子们热爱祖国的情感也一步步得到了升华。

课程方案五：拥抱自然

秋天，是万物生长成熟的季节。到处瓜果飘香，红的石榴、黄的橘子、紫的葡萄、金黄的柿子……散落在秋天的山林、果园，吸引着孩子们去品尝。秋天，是丰收的季节。沉甸甸的稻穗在农田里压弯了腰，等着农民伯伯去收割；滚圆的番薯在地里等着人们去挖掘。秋天，是多彩的季节。树叶们不约而同地换上了彩色的装束，微微泛黄的柳条、红红的枫叶、黄黄的银杏，装点着秋天的大地。

秋天，是个充满喜悦的季节，是个处处都蕴涵着教育契机的季节。我们吃的米饭、玉米、番薯、橘子、柚子都是长在哪儿的？是长在地面上的？还是埋在地面下的？或者是长在其他地方的？到地里去看一看、摘一摘、挖一挖，把它们带回幼儿园数一数、煮一煮、尝一尝，品尝秋天带给我们丰收的喜悦。通过寻找丰收的图画、唱响丰收的歌，体验丰收带给我们的幸福与快乐，同时感知粮食与人类的密切关系来之不易，我们要感恩大自然给予我们的一切馈赠。

一、活动内容

走近秋天，拥抱自然。

二、活动预期目标

1. 感受和体验大自然的美及大自然对我们生活的重要性。
2. 激发幼儿从小有感恩的心，用感恩的心去面对大自然。
3. 学习用行动来表达对大自然的感恩。

三、活动时间

11月。

四、活动准备

经验准备：向家长收集亲近大自然的图片。

物质准备：秋季水果、农作物、采摘的地方、落叶。

五、活动安排

大班相关教育活动安排（第一周）

活动项目			活动内容
周活动安排	户外活动		走田埂、采茶扑蝶、运粮食、爬山坡
	主题系列活动		感恩你我，爱在金秋——拥抱自然
	集体活动		[语言]《落叶》（文学作品）
			[健康] 秋季的保健（预防疾病）
			[艺术]《小树叶》（歌唱）
			[科学] 秋天的天气与生活（自然科学）、《秋天的落叶树》（自然科学）
			[艺术]《树叶线描画》（绘画）
			[综合活动] 自理能力比赛
	活动区游戏	表现性	[装扮区] 旅游团
			[美工区] 树叶线描画、树叶贴画、创意树叶
			[建构区] 秋天的公园、农场里
			[表演区] 秋天的聚会、小熊请客
		探索性	[数学区] 树叶分类、二等分、四等分
			[科学区] 找找叶脉的不同、自然测量、挑小棒
			[生活操作区] 洗树叶、夹珠子、剥花生、编一编
			[沙水区] 秋天的公园
			[种植区] 洋葱、秋天的种子、仙人球
		欣赏性	[阅读区] 秋天的美景、趣味识字、分享阅读
			[展示区] 展示收集的叶子和种子，蒜头的变化
		运动性	运粮忙
	生活活动		爱护周围环境，热爱大自然。

(续表)

周活动安排	家园共育	收集各种事物，将秋天的痕迹（如树叶、瓜果、粮食等）带进活动室，为幼儿创设秋天的情境。
	班级环境创设	收集秋天的树叶和种子。
	备注	班级根据实际情况适当增、删活动。

大班相关教育活动安排（第二周）

	活动项目		活动内容
周活动安排	户外活动		田鼠偷瓜、翻山越岭、传花球
	主题系列活动		感恩你我，爱在金秋——拥抱自然
	集体活动		［语言］《美丽的秋天》（文学作品）
			［科学］《常青树和落叶树》（自然科学现象）、量一量树有多粗
			［艺术］秋天到（歌唱）
			［艺术］我会设计秋天的衣服（绘画）
			［健康］秋季的保健（预防疾病）
			［艺术］树叶贴画（手工）
	活动区游戏	表现性	［装扮区］秋天的集市、旅游团
			［美工区］树叶线描画、创意书签
			［建构区］美丽的乡村
			［表演区］秋姑娘、金色的房子
		探索性	［数学区］小熊散步、树叶分类、二等分、四等分
			［科学区］找找叶脉的不同、自然测量、挑小棒
			［生活操作区］秋天的干果、洗树叶、系鞋带
			［沙水区］秋天的公园
			［种植区］秋天的种子、仙人球、盆栽花
		欣赏性	［阅读区］秋天的美景、趣味识字、分享阅读
			［展示区］展示各种认识的叶子、种子，幼儿作品展示
		运动性	稻草游戏、跳果核、踢瓦片
	生活活动		能有始有终地做力所能及的事，养成自己的事情自己做的好习惯。

(续表)

周活动安排	家园共育	1. 提醒家长注意天气冷暖，及时给幼儿增减衣物。 2. 利用休息日继续带幼儿感受秋天的丰收季节。
	班级环境创设	1. 增设区域材料。 2. 继续布置"秋的足迹"主题墙。
	备注	班级根据实际情况适当增、删活动。

大班相关教育活动安排（第三周）

	活动项目		活动内容
周活动安排	户外活动		树叶运动会、编花篮、蔬菜蹲
	主题系列活动		感恩你我，爱在金秋——拥抱自然（大带小活动）
	集体活动		[语言] 我是小菜农（谈话活动）
			[社会] 采摘乐趣多（文明礼仪）、我是环保小卫士
			[艺术] 蔬菜拓印变变变（大带小）
			[艺术] 鞋子也会嗒嗒响（表演）
			[健康] 蔬菜蹲（大带小体育游戏）
			[综合活动] 分享快乐（大带小）、采摘计划
			[科学] 种子的旅行（自然现象）
	活动区游戏	表现性	[装扮区] 我是小菜农
			[美工区] 树叶线描画、树叶贴画、创意树叶
			[建构区] 兰溪公园、幼儿园、十字路口
			[表演区] 小熊请客、小羊和小狼
		探索性	[数学区] 树叶分类、二等分、四等分
			[科学区] 找找叶脉的不同、自然测量
			[生活操作区] 剥花生、洗树叶、夹珠子、系鞋带
			[沙水区] 秋天的公园
		欣赏性	[阅读区] 秋天的美景、趣味识字、分享阅读
			[展示区] 展示收集的叶子和种子，蒜头的变化
		运动性	抢占山头
	生活活动		在家中练习剥花生，学会基本的小家务。

(续表)

周活动安排	家园共育	利用休息日带幼儿继续收集秋天的树叶，观察叶子的不同。
	班级环境创设	收集秋天的树叶和种子。
	备注	班级根据实际情况适当增、删活动。

中班相关教育活动安排（第一周）

	活动项目		活动内容
周活动安排	户外活动		树叶飘、过桥摘水果、果农忙
	主题系列活动		感恩你我，爱在金秋——拥抱自然
	集体活动		〔健康〕户外安全知多少（安全） 〔科学〕橘子和柚子（物体与物质） 〔社会〕采摘丰收乐（自我成长） 〔艺术〕柚子皮变变变（欣赏）
	活动区游戏	表现性	〔装扮区〕香香小吃店、乐乐超市 〔建构区〕水果店、果园 〔表演区〕大家的果园、闪亮小舞台 〔美工区〕柚子皮变变变、美丽的云彩、树
		探索性	〔数学区〕各种形状的卡片、切蛋糕、气球 〔科学区〕报纸、广告纸、秋天的花、叶子 〔沙水区〕玩沙、玩水
		欣赏性	〔阅读区〕秋天的水果、一朵云帽子、采蘑菇故事、水果宝宝
		运动性	放风筝
	生活活动		学习自己穿衣、穿鞋袜、扣扣子。
	家园共育		1. 家长在家帮助幼儿练习穿衣、扣扣子等，并给幼儿提供锻炼的机会。 2. 在家教育幼儿外出需要注意的安全事项。
	班级环境创设		继续增添区域材料。
	备注		班级根据实际情况适当增、删活动。

中班相关教育活动安排（第二周）

	活动项目		活动内容
周活动安排	户外活动		玩树叶、风儿和树叶、小松鼠采果子
	主题系列活动		感恩你我，爱在金秋——拥抱自然
	集体活动		[语言] 秋叶飘（讲述活动）
			[科学] 秋天的农作物（植物）、叶子宝宝找妈妈（集合）
			[健康] 可爱的小兔（体育游戏）
			[艺术] 秋天（歌唱表演）
			[艺术] 树叶拓印（绘画）
	活动区游戏	表现性	[装扮区] 香香小吃店、乐乐超市、医院
			[建构区] 小动物、马路、桥、兰溪公园
			[表演区] 小兔乖乖、小熊过桥、三只蝴蝶
			[美工区] 彩色树叶的舞蹈、美丽的云彩、柚子大变身
		探索性	[数学区] 叶子宝宝找妈妈、各种形状的卡片
			[科学区] 相邻数、分类、秋天的叶子、糖不见了
			[沙水区] 玩水、玩沙
		欣赏性	[阅读区] 看图书、我认识的图标、修补图书、我的相册
		运动性	环保小卫士
	生活活动		能自己熟练地穿脱衣物、鞋袜。
	家园共育		1. 感受秋天、寻找秋天。 2. 引导幼儿运用多种感官认识秋天的水果。
	班级环境创设		1. "爱在秋天"主题墙布置。 2. 丰富区域材料。
	备注		班级根据实际情况适当增、删活动。

小班相关教育活动安排（第一周）

<table>
<tr><td colspan="3">活动项目</td><td>活动内容</td></tr>
<tr><td rowspan="15">周活动安排</td><td colspan="2">户外活动</td><td>小路弯弯、调皮的树叶娃娃、猴子摘桃、小小叶片来追我</td></tr>
<tr><td colspan="2">主题系列活动</td><td>感恩你我，爱在金秋——拥抱自然</td></tr>
<tr><td colspan="2" rowspan="5">集体活动</td><td>〔科学〕秋天的水果（植物）</td></tr>
<tr><td>〔健康〕认识各种水果</td></tr>
<tr><td>〔语言〕水果跑啊跑（早期阅读）</td></tr>
<tr><td>〔综合活动〕寻找秋天</td></tr>
<tr><td>〔艺术〕水果歌（歌唱表演）</td></tr>
<tr><td rowspan="4">活动区游戏</td><td rowspan="4">表现性</td><td>〔美工区〕秋天的水果、水果沙拉</td></tr>
<tr><td>〔装扮区〕娃娃家、水果铺子店</td></tr>
<tr><td>〔建构区〕花儿朵朵</td></tr>
<tr><td>〔表演区〕小兔乖乖</td></tr>
<tr><td rowspan="3">探索性</td><td>〔科学区〕秋天的水果、我喜欢的玩具</td></tr>
<tr><td>〔生活操作区〕切水果、串珠子、舀一舀、拉拉链</td></tr>
<tr><td>〔数学区〕水果分类、找圆形</td></tr>
<tr><td>欣赏性</td><td>〔阅读区〕水果跑啊跑、秋天</td></tr>
<tr><td colspan="2">运动性</td><td>小伞兵</td></tr>
<tr><td colspan="3">生活活动</td><td>不挑食，一口饭一口菜，能独立进餐。</td></tr>
<tr><td colspan="3">家园共育</td><td>1. 感受秋天、寻找秋天。
2. 引导幼儿运用多种感官认识秋天的水果。</td></tr>
<tr><td colspan="3">班级环境创设</td><td>1. "爱在秋天"主题墙布置。
2. 丰富区域材料。</td></tr>
<tr><td colspan="3">备注</td><td>班级根据实际情况适当增、删活动。</td></tr>
</table>

小班相关教育活动安排（第二周）

	活动项目		活动内容
周活动安排	户外活动		拾豆豆、好玩的树叶、风婆婆和小树叶、小兔采蘑菇
	主题系列活动		感恩你我，爱在金秋——拥抱自然
	集体活动		［语言］秋叶飘（讲述活动） ［科学］秋天的农作物（植物）、叶子宝宝找影子（集合） ［健康］可爱的小兔（体育游戏） ［艺术］秋天（歌唱表演） ［艺术］树叶拓印（绘画）
	活动区游戏	表现性	［装扮区］水果娃娃的舞会、豆豆的水果店 ［美工区］树叶拓印、菊花朵朵开 ［建构区］香香的水果 ［表演区］水果秀
		探索性	［科学区］秋天的水果、我喜欢的玩具 ［生活操作区］切水果、串珠子、舀一舀、拉拉链 ［数学区］小树叶找妈妈、水果分类、水果品尝会
		欣赏性	［阅读区］秋叶飘、水果跑呀跑
		运动性	大风车
	生活活动		进餐时保持安静，不大声讲话，不东张西望，不玩耍。
	家园共育		1. 引导幼儿表达自己对秋天的认识。 2. 帮助幼儿认识秋天是瓜果、蔬菜丰收、成熟的季节。
	班级环境创设		收集各种事物，将秋天的痕迹（如树叶、水果等）带进活动室，为幼儿创设秋天的情境。
	备注		班级根据实际情况适当增、删活动。

六、活动片段

（一）寻找秋天

"秋天的发现"调查表

调查员：

你知道现在是什么季节？有哪些特征？	
秋天到了，树有哪些变化？哪些是常绿树？哪些是落叶树？	
为什么树会在秋天掉叶子？	
你知道秋天有哪些美景？（请拍照附上文字发班级QQ群）	
你知道秋天有哪些花朵，是什么颜色的？请你画一画。	

备注：可以用画画、文字等喜欢的方式进行记录。把寻找秋天的照片上传班级群分享，收集各种秋天的树叶，备注树叶的名称。

1. 秋天的落叶。
（1）寻找各种树叶。

(2) 观察叶脉。

实验:树叶落下来是背朝下的吗?

尝试用不同工具洗树叶,如:海绵块、牙刷、抹布。

(3) 树叶拓印。

（4）树叶找影子。

（5）亲子树叶创作贴画。

2. 秋天的花卉。

秋天，可以和孩子们走进公园，欣赏各个品种的菊花，感受菊花不同的花色、花瓣，千姿百态的风姿，和孩子们一起动手做"菊花"。

3. 秋天的果实。
（1）采摘计划。

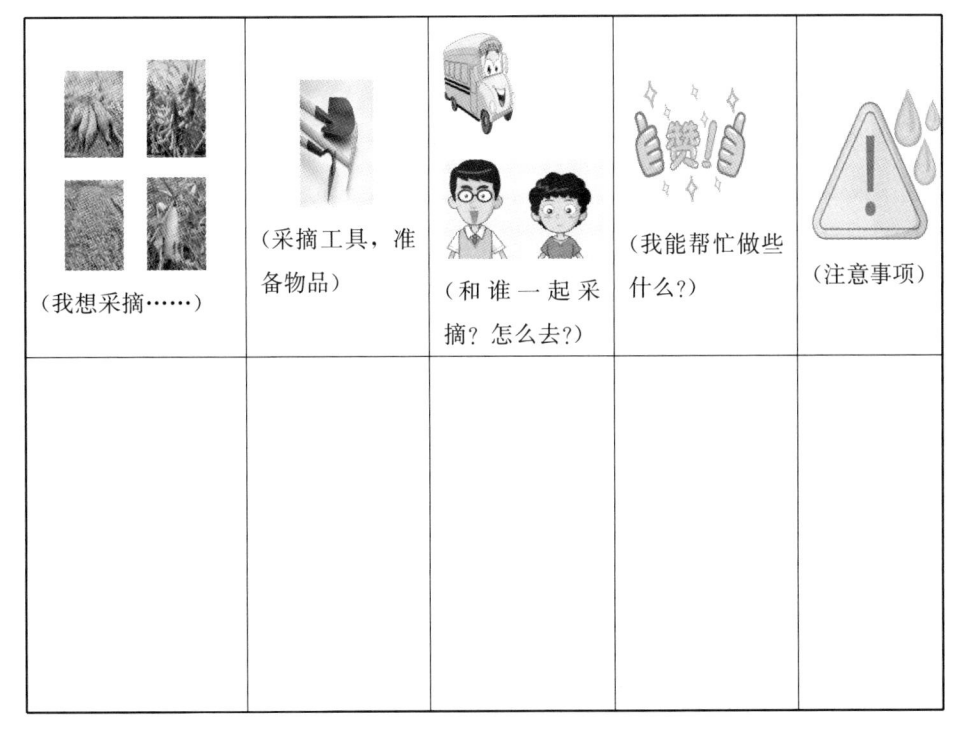

　　　　　的采摘：　　　　　：_____

（我想采摘……）	（采摘工具，准备物品）	（和谁一起采摘？怎么去？）	（我能帮忙做些什么？）	（注意事项）

(2) 秋天的果园。

采摘柚子：

制作柚子茶：

柚子茶分享会：

柚子皮变变变：

（3）绿色的茶园。

采茶——"悠悠茶香情"：

（4）丰收的田野。

挖地瓜：

（5）品尝丰收的果实。

到达祥林山庄地瓜种植区后，孩子们很惊讶地问："地瓜在哪里呀？"带着疑问，孩子们发现了地瓜，了解到地瓜是长在土地里的，需要用工具刨出来，刹那间家长和孩子们热火朝天的劳动场面呈现在我们眼前，一个个又粗又大的地瓜被孩子们亲手刨出来，孩子们很有成就感，纷纷举起来向爸爸妈妈炫耀。整个活动现场弥漫着惊呼声、欢笑声和收获的喜悦。

在茶园工作人员的介绍下，孩子们观看了茶树生长环境，和爸爸妈妈一同上阵，小心翼翼地摘取最适合的茶叶，并观看了制茶的过程……

在柚子园里，孩子们抱着自己亲手摘下来的柚子，笑得合不拢嘴……

此次活动，孩子们开阔了视野、增长了知识，明白了农作物在生长过程中要精心施肥、浇水、除草，果实才能长得好；不仅体会到了农民种植庄稼的辛苦，以及收获的喜悦，也进一步懂得了节约和爱惜粮食的道理。同时，此次活动也增进教师与家长、家长与幼儿的情感交流，给家长们创造了一次接近孩子心灵的机会，让他们能够更加深入地了解自己的孩子，以"自主体验"为主题的亲子活动特别有意义与价值，无形中既教育了孩子们要养成独立自主、自己动手的良好习惯，同时又让对幼儿的教育融入自然，回归自然。

（二）我是小菜农

1. 孩子每天来园都会去看自己种的小菜苗，还会给小菜苗浇水、拔草。

2. 蔬菜蹲。

（三）秋的盛宴

1. 大带小创意水果拼盘。

秋天的馈赠是丰富的，秋天的馈赠是惊喜的，在这样一个硕果累累的季节里，我园结合"走进金秋，拥抱自然"系列主题，开展了大带小创意水果拼盘活动。活动丰富了宝贝们的在园生活，培养了他们的审美能力、动手能力和创新能力。在活动中，宝贝们接收丰收的喜讯，体验劳动、分享带来的快乐，感受生活中的美。

（1）我们的水果拼盘计划。

这次的水果拼盘计划是由大班和中班一起合作完成的。

（2）"大带小创意水果拼盘"制作。

宝贝们大手拉着小手，一同入场。大班的哥哥姐姐提醒中班的合作小伙伴有序排队、取放水果。

（3）展示会。

宝贝们经过二十分钟的细心创作，终于大功告成。在他们的一双双巧手下,一盘盘令人馋涎欲滴的水果拼盘终于展现出来了,让我们来欣赏下吧!

哇!有"太阳花""小兔乖乖""哈哈笑脸""可爱娃娃"……一件件作品细致精巧,让人目不暇接,宝贝们真是心灵手巧!

(4)分享美食。

宝贝们大方地请小班弟弟妹妹欣赏自己和同伴的作品,并请弟弟妹妹品尝水果拼盘,活动室内笼罩着满满的爱意。

（5）感恩美食。

活动结尾，宝贝们和老师你一口我一口共同品尝水果，体验动手制作和品尝的快乐。此刻，操场上洋溢着友爱的师幼情。

宝贝们在本次活动中感受到金秋时节丰收的喜悦与美好，丰富了对水果的认识，在劳动中学会合作完成任务，养成爱吃水果的好习惯，同时体验到动手制作和分享品尝带来的快乐。这真是一场秋的盛宴！

2. 爱·金秋·感恩大型 DIY 活动。

用 DIY 艺术创作活动，表达对大自然的爱和感恩。感恩大自然给予我们的一切馈赠，懂得保护地球妈妈，做个环保的小卫士。感受仙游的绿水青山、美味佳肴，感恩生我养我的土地。收获大自然的果实，感知农民伯伯的辛劳，懂得感恩农民的劳动，珍惜劳动的果实。绿水青山就是金山银山，环保中国的建设需要你我他。让我们用爱和感恩的行动，以小家传大家，感动你我，共筑和谐中国梦。

（1）绿水青山就是金山银山。

大自然是我们人类共同的家园，自然给了我们丰富的馈赠，它和人类生存息息相关，我们在自然的滋养下，代代相传。习近平主席在十九大讲话中提出：人与自然和谐相处，共创和谐环保生态

中国；绿水青山就是金山银山。

11月23日，鲤中实幼的宝贝、家长、老师们相聚鲤中步行街，开展"爱·金秋·感恩"DIY创作活动，共同表达对大自然的感恩，对祖国强大昌盛的祝福！

> 国强则少年强，国自信则少年自信。看！宝贝们为强大的祖国绽放最美的笑脸。

> 在大自然丰富馈赠滋养下的麦田里，一群小鸟和稻草人发生了有趣的事——《麦田童话》。

DIY活动开始啦，有些宝贝迫不及待地拿出材料开始创作了！让我们快跟过去看看宝贝和家长们的精彩表现吧！

（2）小班——"水果变变变"。

鲜果飘香的季节，小班的爸爸妈妈和宝贝们愉快地进行着水果DIY拼盘活动。快瞧！小班的爸爸妈妈和宝贝们将各种时令水果进行有机地组合，再配合精彩的刀工技术、造型设计，他们忙得不亦乐乎；而宝贝们时而品尝，时而帮忙，时而和爸爸妈妈们说几句悄悄话，时而又开怀大笑。在各自爸爸妈妈的指导下，他们用苹果、香蕉、葡萄、橙子、橘子等原料，变换出造型各异的水果拼盘。

经过半个小时的精雕细琢，爸爸妈妈与宝贝们把各种水果"变"出了很多不同的造型："美丽鲜花""孔雀开屏""青蛙呱呱"等，一件件充满童趣又栩栩如生的作品让人目不暇接、眼花缭乱！

好吃、好看又好玩，这样的亲子类活动，不仅锻炼了孩子、家长们的动手操作能力和想象力，让他们体会到了创作和成功的乐趣，同时也增进了家长与孩子之间的亲情，融洽了亲子关系。

(3) 中班——"农作物大变身"。

哇！中班的孩子和家长们互相合作，利用秋季农作物成熟的有利条件，根据各种农作物的形状、颜色、大小等特点，通过粘贴、插接、搭建、编织等方式，巧妙结合，让农作物大变身，制作成了精美的手工作品，开启了一场精彩纷呈的视觉盛宴。

我们的小手会变魔术哦，一颗颗小豆子在我们手中变成了漂亮的美术作品；一个个蔬菜瓜果在我们手中变成了艺术品。

每个班级奇妙的构思、新颖的设想及精致的工艺，吸引着大家的目光。金秋时节，孩子们不仅收获了快乐，同时也体验了亲手给农作物变身的乐趣。

(4) 大班——"我爱我的家乡"。

艺术是儿童的另一种语言，绘画是表达这种"内在语言"的最好方式。大班的哥哥姐姐和他们的爸爸妈妈们用绘画的方式表达着自己对生态环保家乡美的期盼之情与责任担当。

瞧！小画家们充分发挥自己的想象力，挥动手中画笔，通过优美的线条、多彩的颜色来表达他们对家乡的所见、所感、所想……

童心妙笔下，一幅幅充满童趣、充满幻想、充满活力的画面跃然纸上，每一幅都是那样的质朴天然、丰富多彩，画面上洋溢着纯真的童心童趣和共建家乡和谐生态美的美好愿望。

作品完成后，宝贝和爸爸妈妈边走边看，欣赏着造型各异的作品，时而发出"哇""真漂亮""好厉害"的感叹声；时而和作品留影合照，乐在其中。

（四）生活小能手

1. 大带小生活自理能力比赛。

比赛的项目：穿上衣、穿鞋子、叠被子、剥花生。

（1）第一项比赛是穿上衣，每班分四组进行，请到的每一组小朋友站在桌子旁，听到老师发出口令"开始！"后，小班小朋友以最快的速度将衣服穿好，然后由大班的小朋友帮助其将扣子扣好，大班的小朋友在等待的过程中要把马甲穿好并拉好拉链。大班小朋友完成后要牵着小班的小朋友把小红旗交给下一个比赛的小朋友，才能进行下一项的比赛。要记住，在穿衣服和扣纽扣的过程中，旁边的小朋友是不可以帮忙的！扣纽扣也不可以扣错。

（2）穿上衣的选手完成比赛后，小班的小朋友就要赶紧拿起自己的鞋子穿起来，注意鞋子不可以穿反！小班的小朋友穿好鞋子后，大班的小朋友要帮助弟弟妹妹们绑好鞋带，绑好鞋带后要牵着小班的小朋友将小红旗递给下一个比赛的小朋友，才可以进行叠被子比赛。

（3）叠被子比赛是由小班和大班的小朋友一起来完成的，每组参赛的两位小朋友要以最快的速度将被子平铺到桌上把被子叠整齐，同样要传递红旗给下一个参赛的小朋友，才能进行接下来的比赛。

（4）最后一项比赛是小班的小朋友剥花生，剥花生的过程中要注意安全，不要弄伤了手，剥完花生，大班的小朋友就要以最快的速度将剥好的花生用筷子夹到另外一个碗里，夹好了要举起小红旗示意完成比赛。

穿上衣比赛　　　　　　　　　　穿鞋子比赛

叠被子比赛　　　　　　　　　剥花生比赛

2. "农活小能手"自理能力比赛。

金秋时节，秋高气爽，果蔬飘香，好一派丰收景象。在硕果累累的十月里，幼儿园组织开展了"走进秋天，拥抱自然"——"农活小能手"自理能力比赛活动。活动以"我能行，我最棒，让我来"为宗旨，在此次活动中宝贝们学到多方面的生活技能，感受到做农活、干家务活的乐趣，体验劳动的快乐，在劳动中学会合作完成任务，养成不挑食、不浪费的好习惯。

秋季中班段"农活小能手"自理能力比赛评分表

第一组

项目 班级	削红萝卜皮、削黄瓜皮	撕卷心菜	择地瓜叶	剥甜玉米粒	剥花生	时间
中1班						
中2班						
中3班						
中4班						

评分要求：1. 围兜、帽子、袖套都要穿上。2. 削皮要削干净。3. 剥甜玉米粒和花生不可以用嘴巴。4. 制作出来的食材要放在指定的盘子里。5. 需要备注的可以在评分栏里备注。

比赛中，中班的宝贝们一个个有条不紊地穿上宝贝厨房服饰，接着开始削红萝卜、削黄瓜，坐在下面的小观众也没闲着，用尽力气为小选手们加油、打气。

削红萝卜皮 　　　　　　择地瓜叶

剥玉米 　　　　　　　　剥花生

回教室后，宝贝们将操作的食材送到宝贝厨房，清洗加工、蒸煮、精心分类后，制作、品尝蔬菜沙拉。

在活动中，宝贝们收获了快乐，感受到了生活中的美好。同时，活动提高了宝贝们的动手操作能力，促进了身体动作的发展，培养了竞争意识和分工合作精神。

"感恩你我，爱在金秋"主题教育虽然结束了，但是我们要一直拥有一颗感恩的心，去关注身边所有的美好、所有应该感谢的事物和人，做一个懂得说谢谢、知道表达感恩的人。让孩子自己用眼睛去看，用耳朵去听，用心灵去感受，从而在自己的心中培植一种感恩的情感，无论对待父母、老师还是同伴，快乐或者悲伤，都能以一颗感恩的心去面对。那么，他们就会明白，生活是一面镜子，你哭它也哭，你笑它也笑。当你心存感恩，生活也将赐予你灿烂的阳光。

冬 之 篇

"冬日暖阳煦·萌娃喜探冬"系列活动

【课程意图】

四季更迭，季节轮换，寒风呼啸，万物蛰伏，冬天就这样悄悄地来到了我们的身边。"瑞雪兆丰年"，宁静的冬天却孕育着希望，开春来年的希望在冬天里蛰伏、积蓄了力量，傲雪青松、红梅绽放，所有的色彩将我们紧紧包围，冬季本身的热闹也是属于我们，在严寒里透着温情，寂静中藏着热烈和期待。冬日，添了些沉静与苍凉，那是生命的隐忍与退让，期望的沉淀与积蓄。俗话说得好："冬天动一动，少受一场冻；冬天懒一懒，多喝药一碗。"冬季不仅带来寒冷和干燥，也给人们带来了疲劳，身体开始慢慢变懒，冬季是人体储备能量的最好时机。

快乐地运动，健康的体魄是对童年最好的诠释。因此我们利用冬天的季节特征开展"冬日暖阳煦·花样秀体能"活动，引领家长、孩子们积极参加户外运动。在冬日的暖阳下，孩子们自己寻找喜欢的运动，激发参与运动的热情，在动动跳跳中发现季节的变化，充分感受在冬天运动给身体带来的变化，养成良好的运动习惯；在增强全民健康体魄的基础上，充分展示自信、大胆、积极向上的精神风貌，在快乐中锻炼自己，在运动中健康成长。

【课程预期目标】

1. 知道冬天的季节特征，了解冬季御寒最佳方法，激发对冬季和大自然的热爱。

2. 了解冬天的饮食健康，知道吃早餐对身体的重要性，懂得每天要按时吃好早餐。

3. 喜欢参加冬季体育运动，形成良好的运动习惯，以及坚持锻炼的意志品质。

4. 提高幼儿身体管控能力，激发创造性思维能力，在运动中遇见更强壮、更快乐的自己。

5. 在活动中学会合作、谦让、遵守规则，勇于克服困难，团结友爱。

6. 进行安全教育，在活动中培养自我保护能力。

7. 开展迎新活动，萌发新年的美好愿望。

【课程内容】

课程根据各年段、班级实际情况自主建构，活动内容尽可能整合五大领域、区域游戏、家园共育、小组学习、社区实践等多元形式开展。

1. 识冬。

——冬季的印象：寒冷。

——冬天的动植物。

——冬日节气。

——冬天不怕冷。

——我知道的体育项目。

——我知道的体育明星。

——家乡的体育冠军。

——社区广场文体活动。

——我会的体育游戏。

——冬季运动防护。

2. 迎冬。

——我们的运动计划。

——户外运动我坚持。

——冬日作品。

——探寻冬味。

——冬日科学配餐。

——冬日健康早餐。

——旧物改造部落：围巾、帽子、棉拖、手套等保暖物品；冬日小木屋、毛衣缠绕艺术作品；等等。

3. 暖冬。

——场馆宝贝厨房：暖心柚子茶、柠檬膏、汤圆等。

——"为娃拼搏"工会教职工庆元旦运动会（详见活动方案）。

——新年祝福。

——幼儿庆元旦活动。

各班根据"为娃拼搏"活动争取的物质，结合班级课程的推进，与幼儿一起讨论、筹划、布置，庆祝元旦。

【课程实施过程方案】

课程方案一：冬季的运动

冬天来了，幼儿会自然而然地感受到天气变冷。孩子们发现幼儿园里的大树飘落了许多树叶；绿绿的草地变黄了；地上结冰了；早上出门，爸爸妈妈都要给自己戴上帽子、手套、口罩，系上围巾，还要穿上厚厚的羽绒服。气候变冷了，孩子们也怕冷，赖床、迟入园，活动起来也不积极。本系列活动从冬天的季节特……征入手，通过让幼儿在看看找找、动动跳跳中发现冬季的变化，充分感受冬天的季节特征，感知冬天的不同；共同观察季节与人们生活的关系，了解冬天的用品，发现和感受冬天的乐趣，引领孩子们积极参加户外活动，在冬日的暖阳下，孩子们寻找自己喜欢的趣味运动项目、运动的地方、体育明星等，激发幼儿参与运动的热情，坚持运动打卡，提升幼儿参与体育运动的兴趣，使其养成良好的运动习惯，提高身体素质，增强教师及幼儿良好的精神和健康的体魄，提高幼儿参加活动的兴趣和对环境的适应能力，培养勇敢的精神和坚强的毅力，为今后的学习、工作和生活打下坚实的健康基础，同时在节日氛围中感受快乐，提倡在快乐中锻炼自己，在运动中健康成长。

一、活动内容

冬天的运动。

二、活动预期目标

1. 了解和描述冬季的特征，感知人们在冬天的生活变化。

2. 了解一些常见动物、植物过冬的方式，增进对动植物的喜爱之情。

3. 知道部分冬天衣物的特征，会简单统计和分类。

4. 知道冬天不怕冷的好办法，体验冬天运动的乐趣，会坚持上幼儿园。

5. 在游戏中感受运动的快乐，养成良好的运动习惯，以及坚持的良好品质。

三、活动时间

3周。

四、活动准备

1. 环境创设及物质准备。

大厅创意冬展（体现冬季的美景、冬日的节气、冬季积极向上的运动、庆元旦的喜庆氛围等）——大班段。

2. 知识经验准备。

通过相关的知识调查问卷、亲子查阅资料、亲子户外运动等多种家园共育的方式协助班本活动开展。

五、空间环境布置

主题墙：我不怕冷、走进冬天、我爱运动、不怕冷的动物、我运动我健康、我长大了、我知道的体育明星。

六、活动安排

小班相关教育活动安排（一）

周活动安排	活动项目	活动内容
	户外活动	向上跳、变速走、攀爬网、吹泡泡
	主题系列活动	冬日暖阳煦·萌娃喜探冬

(续表)

周活动安排	集体活动		[健康] 做个不怕冷的娃娃（身心保健）、天冷了怎么办（身心保健） [社会] 夸夸我自己（自我成长）、冬天不怕冷（自我成长） [语言] 调皮的北风弟弟（谈话活动）、不怕冷的红气球（文学活动） [艺术] 可爱的猪宝宝（歌唱）、我长大了（韵律） [科学] 冬天的手套、袜子（配对）
	生活区游戏	表现性	[建构区] 冬娃娃 [装扮区] 我是小雪人 [美工区] 雪花飘飘（喷画）、冬天的树（绘画）、红彤彤的灯笼（手工）
		探索性	[数学区] 冬天的服饰（分类） [科学区] 冬天的手套、袜子（配对）
		欣赏性	[展示区] 冬天南方的景色图片、部分家乡运动员的图片、冬天的树、我喜欢的运动项目
		运动性	好玩的趣味运动
	生活活动		1. 在日常生活中，引导幼儿学习穿、脱冬天的衣服。 2. 根据气候变化，增添衣服。 3. 在教师的帮助下学习钻被窝，学习正确的睡眠姿势，不乱踢被子。 4. 懂得锻炼身体的好处，学会保护自己。
	家园共育		1. 丰富幼儿关于冬季的相关知识经验。 2. 请家长和孩子一起参加21天好习惯养成活动。提醒幼儿早睡早起，积极参加户外活动。 3. 和孩子共同寻找社区冬季运动的人们，共同参与"冬天的运动"课程建构活动。
	班级环境创设		1. 布置冬季的主题环境。 2. 收集冬季的美景。
	备注		根据班级实际情况增、删内容。

小班相关教育活动安排（二）

<table>
<tr><td colspan="2">活动项目</td><td>活动内容</td></tr>
<tr><td rowspan="14">周活动安排</td><td colspan="2">户外活动</td><td>小乌龟、小蚂蚁、打怪兽、小刺猬运水果、红绿灯、小兔跳等。</td></tr>
<tr><td colspan="2">主题系列活动</td><td>冬日暖阳煦·萌娃喜探冬</td></tr>
<tr><td colspan="2">集体活动</td><td>［健康］天冷了怎么办（身心保健）
［社会］冬天到（社会适应）、我又长大一岁了（自我成长）
［语言］祝你新年快乐（谈话活动）、长大真快乐（讲述活动）、我喜欢的运动（谈话活动）
［艺术］新年到（歌唱）
［科学］我知道的运动项目（统计）</td></tr>
<tr><td rowspan="4">生活区游戏</td><td>表现性</td><td>［建构区］冬娃娃
［装扮区］我是小雪人
［美工区］雪花飘飘（喷画）、冬天的树（绘画）、红彤彤的灯笼（手工）</td></tr>
<tr><td>探索性</td><td>［数学区］冬天的服饰（分类）、过年的装饰物（形状）
［科学区］冬天的手套、袜子（配对）运动调查表</td></tr>
<tr><td>欣赏性</td><td>［展示区］冬天南方的景色图片、部分家乡运动员的图片、冬天的树、我喜欢的运动项目</td></tr>
<tr><td>运动性</td><td>好玩的室内运动</td></tr>
<tr><td colspan="2">生活活动</td><td>1. 学习独立上厕所。提醒幼儿把衣服塞入裤子里，穿衣服的时候要抓住袖子。
2. 根据气候变化，增添衣服。
3. 在教师的帮助下学习钻被窝，学习正确的睡眠姿势，不乱踢被子。
4. 懂得锻炼身体的好处，学会保护自己。</td></tr>
<tr><td colspan="2">家园共育</td><td>1. 丰富幼儿关于冬季的相关知识经验。
2. 请家长和孩子一起参加 21 天好习惯养成活动。提醒幼儿早睡早起，积极参加户外活动。
3. 和孩子共同寻找社区冬季运动的人们，共同参与"冬天的运动"课程建构活动。</td></tr>
</table>

(续表)

周活动安排	班级环境创设	1. 布置冬季的主题环境。 2. 收集冬季的美景。 3. 丰富区域材料。
	备注	根据班级实际情况增、删内容。

中班相关教育活动安排（一）

	活动项目	活动内容
周活动安排	户外活动	迷迷转、老鼠笼、多变的椅子、拾蛋、蜗牛走路、遥控机器人
	主题系列活动	冬日暖阳煦·萌娃喜探冬
	集体活动	[健康] 冬季运动 [社会] 天冷我不迟到（自我成长）、长大真好（自我成长） [语言] 冬天在哪里（谈话活动）、会长大的鞋（文学活动） [艺术] 冬眠的小熊（歌唱） [科学] 冬天里的动物（动植物）
	生活区游戏 表现性	[建构区] 冬天的幼儿园、雪娃娃 [装扮区] 冬天的服装店 [美工区] 冬天的动物藏在哪（绘画）、制作贺卡
	探索性	[数学区] 过冬的方法（统计与分类）、归类记录各种动物过冬的方法 [科学区] 冬天里的动物（动植物）
	欣赏性	[展示区] 动物过冬图片若干、撕雪花
	运动性	好玩的趣味运动
	生活活动	1. 调整作息时间，养成早睡早起的良好生活习惯。 2. 养成正确的睡眠姿势，不乱踢被子。 3. 根据气候变化，增添衣服。 4. 天冷吃饭不要太慢，以免饭冷了。 5. 做好运动前准备，学会保护自己。

(续表)

周活动安排	家园共育	1. 请家长和孩子一起参加21天好习惯养成活动。 2. 根据气温变化给孩子穿适量的衣服，衣服要便于穿脱。 3. 和孩子共同收集各地冬天的景色图片，聊聊感想。 4. 共同收集家乡运动员的资料。 5. 体验亲子运动项目。 6. 开展冬季运动调查活动，和孩子一起参与"冬天的运动"课程建构活动。
	班级环境创设	1. 和孩子共同布置环境。 2. 丰富区域材料。
	备注	根据班级实际情况增、删内容。

中班相关教育活动安排（二）

	活动项目		活动内容
周活动安排	户外活动		揪尾巴、小麻雀、多彩绳子、椅子趣玩、迷迷转
	主题系列活动		冬日暖阳煦·萌娃喜探冬
	集体活动		[健康] 爱运动、爱健康（心理健康） [社会] 身体暖洋洋 [语言] 动物过冬有办法、我喜欢的运动员（谈话活动） [艺术] 蹦蹦跳跳身体好（歌唱）、运动会之歌（欣赏） [科学] 运动项目分类（分类）、家乡的运动会（统计与分类）
	生活区游戏	表现性	[建构区] 冬天的幼儿园、运动场、变化的小冰块 [装扮区] 我是小雪人 [美工区] 制作新年花环、冬天的服饰、运动小达人、新年贺卡（手工）、我设计的运动（绘画）
		探索性	[数学区] 趣味运动项目统计（统计与分类）、家乡的运动员（统计与分类） [科学区] 变化的小冰块、动物怎样过冬

(续表)

周活动安排	生活区游戏	欣赏性	[阅读区] 动物过冬有办法、各地冬天的景色 [展示区] 冬天的树、我设计的运动项目
		运动性	好玩的趣味运动
	生活活动		1. 调整作息时间，养成早睡早起的良好生活习惯。 2. 养成正确的睡眠姿势，不乱踢被子。 3. 根据气候变化，增添衣服。 4. 天冷吃饭不要太慢，以免饭冷了。 5. 做好运动前准备，学会保护自己。
	家园共育		1. 请家长和孩子一起参加 21 天好习惯养成活动。 2. 根据气温变化给孩子穿适量的衣服，衣服要便于穿脱。 3. 和孩子共同收集各地冬天的景色图片，聊聊感想。 4. 共同收集家乡运动员的资料。 5. 体验亲子运动项目。 6. 开展冬季运动调查活动，和孩子一起参与"冬天的运动"课程建构活动。
	班级环境创设		1. 和孩子共同布置环境。 2. 丰富区域材料。
	备注		根据班级实际情况增、删内容。

大班相关教育活动安排（一）

周活动安排	活动项目	活动内容
	户外活动	躲火球、小龙人采珍珠、小树开花、跳皮筋、挑担子、梅花桩等。
	主题系列活动	冬日暖阳煦·萌娃喜探冬

(续表)

周活动安排	集体活动	[健康] 防寒保暖（预防疾病）、寒冷我不怕、我不紧张了（心理健康） [社会] 冬天不怕冷、趣味运动项目 [语言] 冬天的畅想、植物过冬有办法（谈话）、冬天的运动、冬天运动才会暖（谈话活动） [艺术] 冬天里（歌唱） [科学] 不怕冷的动植物、动植物怎么过冬（动植物）
	生活区游戏 表现性	[建构区] 冬天的公园、运动场 [装扮区] 我是小雪人
	生活区游戏 探索性	[数学区] 冬季的用品、趣味运动项目（统计与分类） [科学区] 动物怎么过冬、种子的传播方式、美丽的水仙花、水结冰的实验、会变的气温（自然现象）
	生活区游戏 欣赏性	[阅读区] 动植物过冬有办法、冬天的畅想、冬天运动才会暖、比赛规则我来制定 [展示区] 冬天的树、我设计的运动项目
	生活区游戏 运动性	好玩的趣味运动
	生活活动	1. 调整作息时间，养成早睡早起的良好生活习惯。 2. 养成正确的睡眠姿势，不乱踢被子。 3. 根据气候变化，增添衣服。 4. 天冷吃饭不要太慢，以免饭冷了。 5. 做好运动前准备，学会保护自己。
	家园共育	1. 请家长和孩子一起参加 21 天好习惯养成活动。 2. 根据气温变化给孩子穿适量的衣服，衣服要便于穿脱。 3. 和孩子共同收集各地冬天的景色图片，聊聊感想。 4. 共同收集家乡运动员的资料。 5. 体验亲子运动项目。 6. 开展冬季运动调查活动，和孩子一起参与"冬天的运动"课程建构活动。
	班级环境创设	1. 和孩子共同布置环境。 2. 丰富区域材料。
	备注	根据班级实际情况增、删内容。

大班相关教育活动安排（二）

周活动安排	活动项目		活动内容
	户外活动		花样玩轮胎、和快乐交朋友、老鹰来了、大巨人和小矮人、抛接沙包
	主题系列活动		冬日暖阳煦·萌娃喜探冬
	集体活动		［社会］冬天不怕冷 ［语言］走进冬天（谈话活动） ［艺术］雪花与雨滴（歌唱） ［科学］冬天的气温
	生活区游戏	表现性	［建构区］冬天的公园 ［装扮区］我是小雪人
		探索性	［数学区］冬季的用品（统计与分类） ［科学区］天气预报、水结冰的实验、会变的气温（自然现象）
		欣赏性	［阅读区］冬天来了、走进冬天、冬天的美景 ［展示区］冬天的树
		运动性	好玩的趣味运动
	生活活动		1. 调整作息时间，养成早睡早起的良好生活习惯。 2. 养成正确的睡眠姿势，不乱踢被子。 3. 根据气候变化，增添衣服。 4. 天冷吃饭不要太慢，以免饭冷了。 5. 做好运动前准备，学会保护自己。
	家园共育		1. 请家长和孩子一起参与21天好习惯养成活动。 2. 根据气温变化给孩子穿适量的衣服，衣服要便于穿脱。 3. 和孩子共同收集各地冬天的景色图片，聊聊感想。 4. 共同收集家乡运动员的资料。 5. 体验亲子运动项目。 6. 开展冬季运动调查活动，和孩子一起参与"冬天的运动"课程建构活动。
	班级环境创设		为幼儿准备新年礼物，以寻宝、游戏的方式制造惊喜时刻并拍摄。
	备注		根据班级实际情况增、删内容。

七、活动片段

为了打造一个气氛浓厚的体能展示运动会现场，根据各年段幼儿动作发展的特点及目前幼儿动作发展的现况，老师们探讨活动方案，通过班级微信群向家长们发出了邀请，并制作了游戏规则介绍视频，得到了广大家长的大力支持与积极反馈。

通过班级微信群向家长们发出了邀请，并制作了游戏规则介绍视频，得到了广大家长的大力支持与积极反馈。

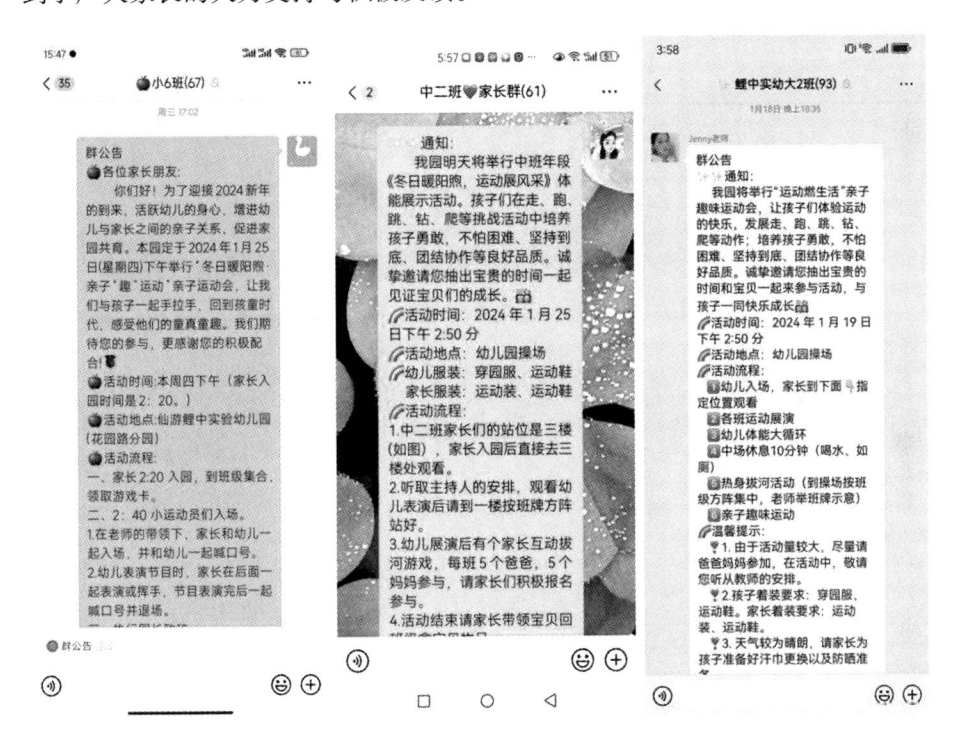

1. "三精"准备。

精心制作的宣传海报及活动引导图、精心准备的趣味运动项目、精心制作的活动道具，只为给小朋友留下一个难忘而又美好的回忆！

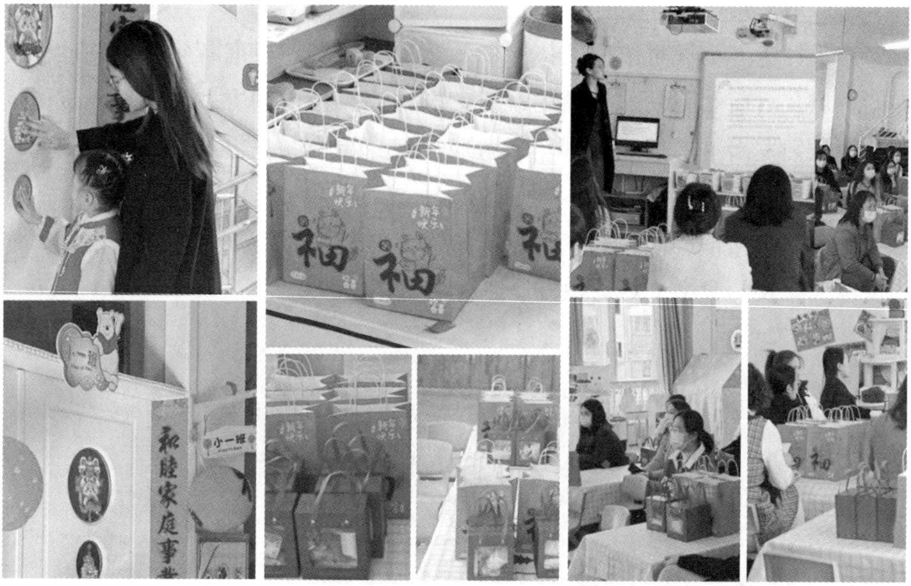
小一班

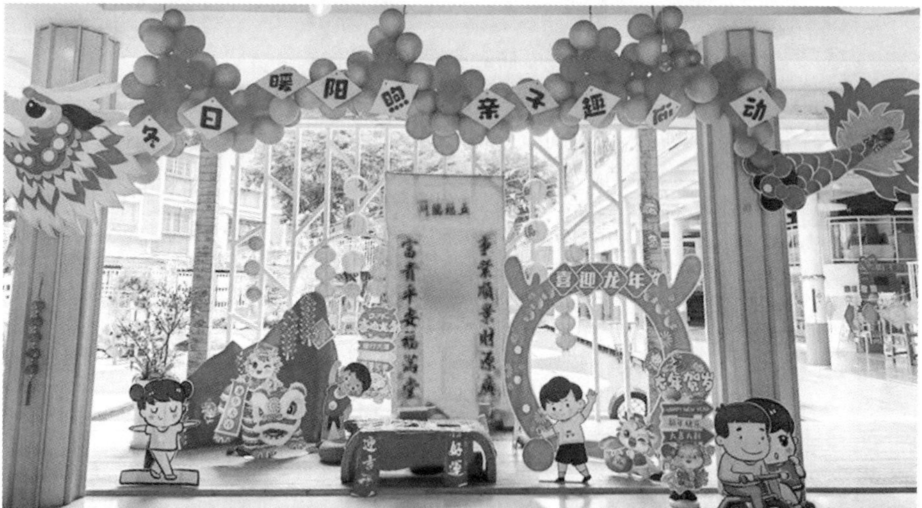
冬日暖阳煦亲子趣动
喜迎龙年

2. 运动"燃"生活。

小小的身体，蕴藏着大大的能量！

你们的每一次奔跑、每一次跳跃、每一次成功都绽放着生命的活力。

让孩子有个健康、快乐的童年是我们的共同心愿！

爱就一个字，我们只用行动表达！

随着欢快的入场音乐，各班的小运动员们穿着统一的园服，排着整齐的队伍，喊着响亮的口号，踏着矫健的步伐迈向国旗台。

激昂的口号，矫健的步伐，踏出的每一个步伐都在诠释孩子们的自信，今天的运动健将们格外地有气势！

孩子们，开启"燃动"时刻……

3. 体能快闪。

（1）趣味呼啦圈。

幼儿通过转圈、跳圈、滚圈、钻圈、爬圈等技能，玩出各种花样。

（2）绳采飞扬。

跳绳不仅可以锻炼手脚的协调性、促进孩子的身高增长，还有助于幼儿左脑和右脑平衡协调地发展。

跳皮筋还可以提高身体的灵活性、协调性以及幼儿的跳跃能力。

（3）快乐跳起来。

竹竿舞的节奏强烈有力，动作敏捷欢快。在强有力的竹竿缝隙里跳跃，潇洒自然地演绎出美丽的舞姿。

（4）篮球宝贝。

篮球是孩子们非常喜欢的一项运动，小小的篮球不仅锻炼了幼儿的手眼协调能力，还提升整体运动能力。

（5）龙腾虎跃。

单杠不仅能够激发幼儿的运动潜能，锻炼肌肉和骨骼，还能提高幼儿的协调能力和自信心。他们所坚持的每一秒，都是对他们的考验。

（6）体能大循环。

让我们看看孩子们是如何一次次勇于挑战、坚持不懈战胜自我的！

(7) 赛场飞扬，活力拉满。

户外体能大循环的开展，将各种户外器械组合成有趣的运动项目，充分满足了孩子们活动锻炼的不同需求。孩子们在丰富多彩的活动中，掌握相应的身体活动技能，不仅获得了健康的体魄和自信心，还能够得到健康快乐的心理发展，为即将成为一名小学生做好充分的身心准备！

(8) 集体操展示。

运动前的热身和运动后的放松都很重要！

进行全面的热身、放松运动，充分地舒展腰身、活动筋骨，提升精神状态。

4. 亲子运动游戏。

阳光、奔跑、喝彩，这是运动最生动的情景；运动、亲子、欢笑，也是冬日里最温暖的画面。亲子游戏开始啦！来感受一场力量之旅……

（1）爸爸拔河赛。

最激动人心的爸爸拔河比赛到了，在宝贝们心中："我的爸爸力气最大""我的爸爸经常健身""我爸爸带我跑步，跑得很快""我爸爸打篮球很厉害！"……爸爸是孩子们最崇拜的对象、最好的榜样！

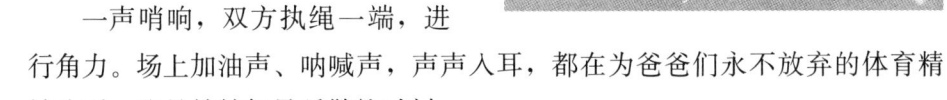

一声哨响，双方执绳一端，进行角力。场上加油声、呐喊声，声声入耳，都在为爸爸们永不放弃的体育精神欢呼，这是娃娃们最骄傲的时刻。

（2）颤抖吧乒乓球。

（3）小刺猬运果果。

（4）接力运球。

（5）双人跳绳。

（6）平板套圈。

孩子们个个精神饱满、充满活力地整装待发。音乐声起，他们健康、自信、勇敢地出现在操场四个跑道和幼儿园的各个角落。

（7）第一跑道：攀爬、平衡。

（8）第二跑道：跳跃、爬。

（9）第三跑道：力量训练。

（10）第四跑道：助跑跨跳。

中班体能大循环活动，根据幼儿年龄特点，合理利用身边的运动器材，以生动活泼的游戏方式开展体能活动，从而提高他们身体的协调性和灵活性，发展其全面的运动能力。让孩子们在充满快乐、不断克服困难的活动中取得成功，培养孩子们乐观向上、勇敢、自信、有自控力的优良品质。

5. 武术操及队列表演。

文以睿智，武以强身。瞧，孩子们那一招一式刚劲有力的动作；听，那稚嫩豪壮的呐喊声……每一个细节无不表明了童心深处对这项运动的热爱和痴迷。

孩子们在练习武术操的过程中强健了体魄，培养了自强自信、勇敢坚毅的美好品质，也更进一步让孩子们感受中华武术的精、气、神、韵。

课程方案二：我爱科技生活

延续冬季运动的健康理念，我们开展了"健康生活"系列活动，帮助孩子们树立健康身体需要运动，需要健康饮食的科学生活观念。在系列活动中，让孩子们了解有关冬季健康生活的方式，发现生活中的科学现象、科学道理，知道生活与科学的密切关系。

一、活动内容

我爱科技生活。

二、活动预期目标

1. 了解冬至的节日习俗，知道五彩汤圆的多种健康配料。
2. 了解吃早餐对身体的重要性，懂得每天要按时吃早餐。
3. 知道科学合理的饮食方式，搭配一份合理的营养早餐。
4. 喜欢进行科学小实验，知道科学和生活息息相关，能将科学道理运用到生活中去。

三、活动准备

（一）经验准备

1. 亲子科技小制作。
2. 知道部分科技小常识。
3. 各年龄段幼儿经验准备。

小班：

（1）请家长配合给小朋友讲讲生活中的科学现象，激发幼儿的兴趣。

（2）组织小班的幼儿观看视频，了解科学的小奥秘。

（3）和老师玩一个科学小游戏。

中班：

（1）了解生活中的科学现象，知道科学与生活密切相关。

（2）和家长一起进行一次生活小妙招的科学小实验。

大班：

（1）海报宣传，告知家长与幼儿科技节活动的内容。

（2）组织幼儿积极参与"低碳生活科学创想"绘画展活动。

（二）物质准备

1. 分发"营养吃早餐""科技改变生活"调查问卷。

2. 和老师一起制作科学营养早餐表。

3. "茶话会"场地布置。

4. 制作科技节宣传海报。

5. 科技节相关活动节目排练、音乐。

6. 校园网站宣传、制作横幅"鲤中实验幼儿园科技节"。

（三）空间环境准备

1. 各年段在班级制作汤圆。

2. 幼儿积极参与"低碳生活　科学创想"绘画展活动。

3. 科技节闭幕式（结合升旗仪式）。

四、活动时间

2周。

五、活动内容

1. 健康生活伴我行。

（1）话冬至。

①小班：亲子制作五彩汤圆；与大中班分享五彩汤圆。

②中班：师幼、家长助教制作五彩汤圆、扁食，与大小班分享。

③大班：与同伴一起制作五彩水饺，与中小班分享。

（2）科学配餐。

①小班活动：了解早餐的营养。

②中班活动：亲子共同搭配合理的营养早餐。

③大班活动：能自己搭配合理的营养早餐。

(3) 健康早餐。

①小班活动：举行新年"茶话会"。

②中、大班活动：早餐带到幼儿园和同伴一起分享。

2. 科技节活动：低碳生活、变废为宝。

小班：科学初探究。

中班：生活小妙招。

大班："变废为宝"科学小实验。

六、活动安排

大班相关教育活动安排

	活动项目		活动内容
周活动安排	户外活动		户外运动，关注冬季的运动量
	主题系列活动		我爱低碳生活
	集体活动		[健康] 健康饮食：冬至暖饺、我会搭配早餐 [社会] 早餐有营养（自我成长） [语言] 冬至民俗（谈话活动） [艺术] 团团圆圆过冬至（韵律）、包饺子（手工） [科学] 小电影（科学启蒙）
	活动区游戏	表现性	[装扮区] 花店 [美工区] 制作饺子和包馅（手工）
		探索性	[数学区] 各地冬至的风俗习惯统计 [科学区] 发光的物体、旋转的乒乓球、生活中的科学
		欣赏性	[阅读区] 冬至相关绘本 [展示区] 橡皮泥制作的汤圆和饺子
		运动性	根据各班幼儿运动计划开展相应运动
	生活活动		1. 知道冬至扫墓要文明祭扫，不燃放鞭炮，以免引发火灾。 2. 积极参与科技小实验活动。 3. 每天按时吃早餐。

续表

周活动安排	家园共育	1. 冬至祭扫时，文明祭扫不燃放鞭炮。 2. 和孩子讲述我国杰出科学家的故事，激发孩子向科学家学习的愿望。 3. 科技节活动告知家长书；寻找生活中的科学。 4. 能为孩子制作美味的早餐，每天和孩子一同按时吃早餐。
	班级环境创设	1. 元旦班级环境布置、丰富区域材料。 2. "低碳生活"主题版面。 3. "营养的早餐"主题版面。
	备注	1. 科技节活动亲子共同参与。 2. 区域游戏及集体教学内容根据班级实际情况适当增、删。

中班相关教育活动安排

	活动项目		活动内容
周活动安排	户外活动		冬季运动、关注运动量
	主题系列活动		我爱科技生活
	集体活动		［健康］健康的早餐（身心保健） ［社会］冬至（社会文化） ［语言］好吃的早餐（谈话活动）、科学家的故事（文学活动） ［艺术］我的营养早餐（欣赏） ［科学］沉与浮（自然科学现象）
	活动区游戏	表现性	［建构区］科技馆
		探索性	［数学区］我知道营养早餐统计 ［科学区］让纸张站起来、睡莲开花、科技改变生活调查问卷
		欣赏性	［阅读区］冬至相关绘本 ［美工区］制作饺子和包馅的流程图 ［展示区］橡皮泥制作的汤圆和饺子
		运动性	根据各班运动计划开展相应的运动

续表

周活动安排	生活活动	1. 知道冬至扫墓要文明祭扫，不燃放鞭炮，以免引发火灾。 2. 积极参与科技小实验活动。 3. 养成每天按时吃早餐的习惯。
	家园共育	1. 在冬至祭扫时，文明祭扫不燃放鞭炮，以免引发火灾。 2. 给孩子讲述我国杰出科学家的故事，激发孩子向科学家学习的愿望。 3. 告知家长与幼儿科技节活动的内容、科技改变生活调查问卷。 4. 能为孩子制作美味的早餐，每天和孩子一同按时吃早餐。
	班级环境创设	1. 创设班级科学低碳生活活动区，科学知识墙面布置。 2. 营养早餐的主题版面。
	备注	1. 科技节活动亲子共同参与。 2. 区域游戏及集体教学内容根据班级实际情况适当增、删。

小班相关教育活动安排

	活动项目		活动内容
周活动安排	户外活动		平衡木
	主题系列活动		我爱低碳生活
	集体活动		[健康] 五彩汤圆（身心健康） [社会] 早茶（社会文化） [语言] 冬至的来历（谈话活动）、美味的早餐（文学活动） [科学] 奇妙的纸（物体与物质）、有趣的磁铁（科学现象）
	活动区游戏	表现性	[建构区] 科技小玩具 [美工区] 五彩汤圆（手工）
		探索性	[科学区] 亲子科技小制作、有趣的磁铁、奇妙的纸
		欣赏性	[阅读区] 科学家的故事 [展示区] 亲子科技小作品
		运动性	平衡木

周活动安排	生活活动	1. 能将科学探究后的物品放回原处。 2. 积极参与科技小实验活动。 3. 养成每天按时吃早餐的习惯。
	家园共育	1. 在冬至祭扫时，文明祭扫不燃放鞭炮，以免引起火灾。 2. 孩子讲述我国杰出科学家的故事，激发孩子向科学家学习的愿望。 3. 告知家长与幼儿科技节活动的内容。 4. 能为孩子制作美味的早餐，每天和孩子一同按时吃早餐。
	班级环境创设	1. 创设班级科学低碳生活活动区，科学知识墙面布置。 2. 营养早餐的主题版面。
	备注	1. 新年茶话会。 2. 科技节活动亲子共同参与。 3. 区域游戏及集体教学内容根据班级实际情况适当增、删。

七、活动片段

（一）包饺子

瞧！白的、绿的、黄的五彩饺子面团，香喷喷的饺子馅摆在孩子们眼前，他们个个跃跃欲试，小心翼翼地一手拿饺子皮，一手拿勺，仔细地放馅，小指头轻轻地捏着饺子边，十分认真。再看孩子们的作品，有小巧玲珑的，有敦实厚重的；有长长扁扁的，有圆圆鼓鼓的；也有饺子馅露在外面的……挂满面粉但笑容灿烂的面庞，洋溢着幸福与欢乐的笑容。

（二）新年"茶话会"，健康生活从早餐开始

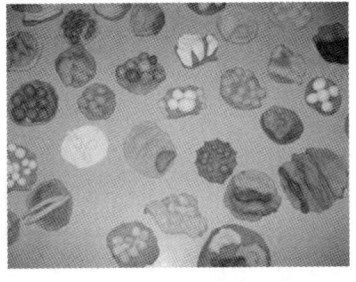

（三）小汤圆大温情

吃汤圆啦

小班的宝贝们端着汤圆，来到了中大班哥哥姐姐的班级，用小手将一颗颗汤圆送到哥哥姐姐的嘴里，在分享中收获了快乐。

（四）小馄饨大温馨

俗话常说"冬至馄饨夏至面"。快看！中班的宝贝和老师们已经包好馄饨了。师幼一起动手，把传统文化包进了一颗颗馄饨里，体验着劳动的乐趣。

（五）爸爸妈妈和我一起看冬至的故事

（六）"科技改变生活"调查问卷

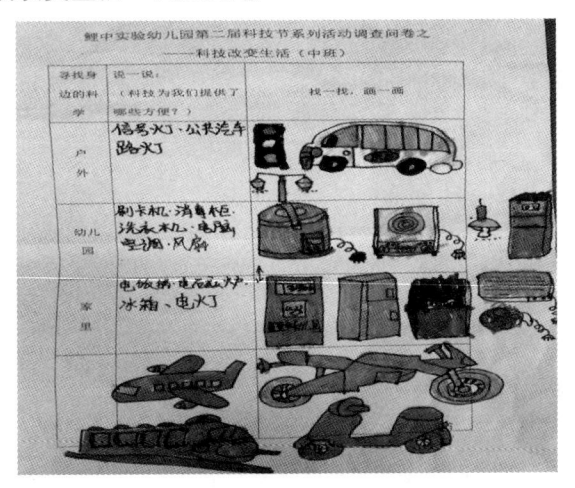

（七）科技节

小兔用科学小知识得到了国王的赏赐，在我们平常的生活中，科学技术也得到了广泛的运用。中国的神舟飞船在太空中遨游，高铁列车奔驰快如闪电，神威太湖之光运算速度世界领先，中国科技创新让国人自豪，让世界惊叹！

> 老师们通过四大发明的情景剧表演，让孩子们感受到科技改变人类、科技改变生活的道理。

孩子们心中未来的科技创新又是什么样子的呢？一起来看看吧！

　　科技节现场，孩子们把他们心中的创想和大家交流，我们感叹于他们的奇思妙想，感叹于他们的大胆创新，相信科技活动的开展，一定可以保护他们的好奇心，激发他们探究的欲望，埋下热爱科学的种子！

孩子和家长们体验着科学与亲子游戏的巧妙结合。"转动的星星"体验有趣的静电现象；"神秘小黑屋"体验光与影子的奥妙；"神奇的气球"体验力的相互作用……孩子们个个兴致勃勃，家长们也返老还童，玩得不亦乐乎。活动场上不时爆发出"哇、好神奇啊、真有趣、好酷"的赞叹声和快乐的欢笑声。

在大家积极的参与中，孩子们在家长和老师的指导下亲自实验、积极动脑、感知操作、无限畅想，家长们纷纷说道："我们都感动于老师们的用心，四大发明的直观演示与体验、科学童话剧表演，孩子们感受到中华优秀传统文化的魅力，感知到科学就在我们的身边，而现场科技游园活动，孩子们看似在玩，又不仅仅是在玩，他们享受到的是科学带来的无穷乐趣，看着孩子们脸上洋溢的快乐的笑容，心中充满着尝试、获得、超越的激动心情，我们觉得，这样的活动很有意义……"

希望将这种"热爱科学,崇尚科学"的精神和氛围延续到我们的家庭生活中去……更把科学精神播撒在幼儿心中,在孩子们的心中深深种下一棵智慧的种子,期待这颗种子能够得到滋润,生根发芽!

课程方案三:迎春的华尔兹

春天悄然而至,新年的音乐会、新年的钟声、跨年舞会……人们用各种方式来庆祝寒冬消逝,带着对新年的憧憬和美好的希望,迎接新年的到来!幼儿园以"欢庆元旦,舞动心情"跨年化装舞会拉开迎新年活动的序幕,带领孩子们认识年历、布置新年愿望树、互相赠新年礼物、互道新年祝福,共同感受过新年的喜悦、长大一岁的快乐和自豪。

一、活动内容

迎春的华尔兹。

二、活动预期目标

1. 感恩亲情与友情,体验感恩的美好,将感恩的种子播撒在幼儿的心田。

2. 感受辞旧迎新的愉快氛围,知道自己即将长大一岁,获得成长的自豪感。

3. 知道新年就要到来,能充满兴趣地准备送给亲人新年的祝福。

4. 懂得过年长大一岁了,萌发幼儿在新的一年要学会新的本领、取得新进步的美好愿望。

二、活动时间

2周。

四、活动准备

(一)经验准备

1. 分享经历、长大的痕迹,对比去年和今年的照片。

2. 和孩子一起收集各种年历(旧的和新的),感知一年已经过去了。

3. 请家长给幼儿讲述有关元旦以及过新年的相关知识,并带幼儿看看街上、商场里的新年布置。

4. 观看各种装扮图片和化装舞会的视频。

5. 会说部分新年祝福语。

（二）物质准备

1. 家长与幼儿共同收集相关材料，布置环境，创设主题墙面，了解新年相关知识、习俗等。

2. 制作"新年愿望树"：布置愿望树，收集全园幼儿的新年愿望挂于愿望树上。

3. 服装准备：各亲子家庭、老师们自主选择喜欢的服饰、道具，化妆打扮好。

4. 场地准备：操场。操场四周贴上红黄蓝绿四种颜色标志。

5. 背景准备：灯光、泡泡机、气球拱门、红地毯。

6. "做个好孩子并不难"展板展示幼儿在班级、在园内、在家中、在外等一些文明进餐和文明行为的照片，促进幼儿增强对自己顺利成长的信心。

（三）空间环境布置

1. 操场布置跨年舞会亲子走秀舞台。

2. 幼儿园大厅展示"新年愿望树"。

3. 班级主题墙：新年好。

五、活动内容

1. 大一岁了。

——新年装饰：班级环境。

——我的新年礼物：按照幼儿的意愿准备互赠的礼物。

2. 新年祝语：会对长辈、同伴说祝福语。

3. 跨年舞会：亲子化装舞会。

六、活动安排

大班相关教育活动安排

周活动安排	活动项目	活动内容
	户外活动	小组自选活动
	主题系列活动	迎春华尔兹

(续表)

周活动安排	集体活动	［健康］我又长大一岁了（自我保健） ［社会］快乐元旦（社会文化） ［语言］红红的新年（谈话活动）、新年祝福语（讲述活动）、过新年（歌唱） ［科学］分年货（统计）、认识新日历（数学）
	活动区游戏 表现性	［建构区］搭建表演舞台 ［装扮区］闪亮小舞台、礼品店 ［美工区］喜庆的灯笼（手工）、我设计的化装舞会演出服（绘画手工）、新年礼物（手工）、画愿望
	探索性	［数学区］分年货、新日历 ［科学区］种植水仙花、学习看年历
	欣赏性	［阅读区］新年的祝福语 ［展示区］新年礼物、有关各地过新年习俗的图片、化装舞会演出服
	运动性	小组自选活动
	生活活动	1. 不乱扔垃圾，会分类投放。 2. 会说不同形式的新年祝福语。
	家园共育	1. 丰富幼儿关于长大一岁的相关知识经验。 2. 部分家长参与跨年舞会节目排练。 3. 和幼儿一起观察周围环境中迎接、庆祝新年的方式。
	班级环境创设	创设元旦、迎新年环境；丰富操作区材料。
	备注	12月31日晚跨年师幼化装舞会，参加跨年舞会不穿高跟鞋，在园内不乱扔垃圾。

中班相关教育活动安排

	活动项目	活动内容
周活动安排	户外活动	小组自选活动
	主题系列活动	迎春华尔兹
	集体活动	［健康］让自己快乐（身心保健） ［社会］过年啦（社会文化） ［语言］新年的钟声（文学活动）、祝您新年快乐（文学活动） ［艺术］新年好（歌唱） ［科学］新年历（数学）、物品的收集（科学启蒙）
	活动区游戏 表现性	［建构区］新年愿望树 ［装扮区］闪亮小舞台 ［美工区］窗花朵朵、制作新年树的装饰品、画愿望
	活动区游戏 探索性	［数学区］按规律排序、物品收集统计 ［科学区］年历、各地迎新年的庆祝活动
	活动区游戏 欣赏性	［阅读区］新年的钟声、祝您新年快乐 ［展示区］各地过年的场景图片、窗花朵朵
	活动区游戏 运动性	小组自选活动
	生活活动	1. 借来的物品要爱惜，避免弄坏，知道用完别人的物品要及时归还，能大方地借东西给他人。 2. 会说部分新年祝福语。
	家园共育	1. 部分家长参与跨年舞会节目排练。 2. 和幼儿一起收集各种年历，感受新年到来的乐趣。 3. 利用节假日带幼儿感受新年的气氛。
	班级环境创设	布置元旦、迎新年环境；丰富操作区材料。
	备注	12月31日晚上跨年师幼化装舞会。

小班相关教育活动安排

	活动项目	活动内容
周活动安排	户外活动	放鞭炮
	主题系列活动	迎春华尔兹
	集体活动	[健康] 放鞭炮（动作发展） [社会] 长大真快乐（自我成长） [语言] 祝你新年快乐（文学活动） [艺术] 过新年（韵律） [过渡环节谈话] 新年的愿望
	活动区游戏 — 表现性	[建构区] 小礼品 [装扮区] 闪亮小舞台 [美工区] 新年树（手工）、美丽的烟花（绘画）
	活动区游戏 — 探索性	[数学区] 新年的礼物（统计） [科学区] 会变的颜色、春天的种植角、新年到
	活动区游戏 — 欣赏性	[阅读区] 祝你新年快乐（文学活动）、小鸡球球（绘本） [展示区] 新年树（手工）、美丽的烟花（绘画）
	活动区游戏 — 运动性	放鞭炮、部分自选游戏
	生活活动	爱护公共设施，了解取放物品的礼仪，轻拿轻放，会物归原处。
	家园共育	1. 部分家长参与跨年舞会节目排练。 2. 了解幼儿的新年心愿并做记录。
	班级环境创设	创设元旦、迎新年环境；丰富操作区材料。
	备注	12月31日跨年亲子化装舞会；美味自助餐。

七、活动片段

（一）我的新年愿望

（二）新年愿望树

（三）新的一年新装饰

（四）我的新年礼物

（五）16天好习惯"做个好孩子并不难"

一个习惯的养成需要16天的不断巩固练习，为此我们进行了"做个好孩子并不难"这一打卡活动。

展板展示幼儿在班级、在园内、在家中、在外等一些文明进餐和文明行为的照片，促进幼儿增强对自己顺利成长的信心。

（六）家长们的新年祝福墙

（七）小班亲子跨年化装舞会

一个个精彩的表演，道出浓浓的过年情。同时也为大家呈现一场既新颖独特又看点十足的亲子秀，展现一家人的其乐融融和创意思维，给在场的观众带来一次又一次的惊喜和震撼，也给大家带来了无限的欢乐。

活动得到了家长的一致认可和支持，整个化装舞会让家长和孩子找到了童年的欢乐和童真的感觉，活动的开展，开阔了孩子们的视野，让亲子关系更加密切、家园合作更为融洽，也增加了孩子间的友情。

非常感谢家长们的支持与参与！其实，宝贝们最珍贵的童年记忆就是家人的陪伴。祝宝贝们健康快乐地成长！

《小鸡小鸡》音乐响起，全场嗨动，感受着节日的欢乐与幸福！

（八）小班亲子美味自助餐

与同伴分享美食、交流趣事，享受着自助餐的愉悦……

哇！这么多色彩缤纷、种类繁多的食物……

（九)"欢庆元旦，舞动心情"中大段跨年化装舞会

12月30日19时，鲤中实幼装扮一新，操场上灯光闪烁，人头攒动，热闹非凡。中大班的宝贝和家长们在这里举行一场形式新颖、设计活泼的化装舞会。

"现在就是见证奇迹的时刻！"咦！这个神秘的魔术师到底是谁呢？

原来是我们亲爱的园长！园长妈妈为我们变出了新年的礼花和满满的祝福，现场一下子沸腾了起来。

开场SHOW的是我们中大班的老师们，一番精心打扮的美人们登场后的一颦一笑都吸引着观众的目光，台下的观众不禁被老师们曼妙的身姿和舞姿所迷倒，瞬间变成小粉丝，为老师们鼓掌呐喊。

看！萌宝登场啦！每一个小朋友和家长都有他们独特的个性装饰，包括他们的脸部装扮，各具特色的面具佩戴，再加上艳丽的服装搭配，装扮成精灵、小仙女、海盗、森林之王、搞笑的超级玛丽、白雪公主、蜘蛛侠、国王、水果宝宝等角色。小朋友和家长们一起走上了红地毯，进行了风格各异的走秀展示，接着还和老师们一起表演了活力四射的舞蹈，将舞会推向了高潮，引来了大家的阵阵喝彩。她们个个脸上洋溢着欢乐的笑容，释放着她们激情澎湃的活力。

(十) 互赠新年礼物

欢乐的时光总是很短暂，舞会的结尾是小朋友们期待已久的互赠新年礼物环节，宝贝们找到自己的伙伴互赠礼物、感恩美好的生活。

活动尾声，小朋友们收到了新年的礼物，带着喜悦的心情，大家恋恋不舍地离开，相互道别，彼此祝福。

这里是服装的盛宴，这里是欢乐的海洋……跨年化装舞会圆满结束，希望此次系列活动能够给小朋友和家长们留下一段美好的回忆，留下一份真情的感动。爱而快乐，感动而感激，把爱的种子种在心田，让爱的情感传承，愿我们的宝贝成为懂得爱、充满爱的孩子。

第二篇章　四季的课程故事

我们陪伴孩子随着四季时光的流动感知体验，在生活中探究实践。我们走进孩子们的世界，倾听孩子们的想法，观察孩子们的言行。我们尽可能解放孩子的手、口、脚，解放孩子的思想，理解与回应支持孩子们的内在学习需要，为孩子们提供更加个性化的教育支持。我们用四季的课程故事记录了教师关注、观察、支持幼儿游戏的过程，还原幼儿的学习，呈现幼儿学习、实践、建构的历程。这是课程实施中真实发生的有意义的课程事件，每一个故事发生的过程，也是教师倾听幼儿，为帮助儿童获得建构生活的经验和能力，助推幼儿深度探究学习的过程。

　　本篇章呈现的课程故事源自师幼的亲身经历，涵盖了"课程"与"故事"两个维度的内容，以真实的课程事件为基础，用故事的方式记录或讲述幼儿探究过程中的学习故事，扎根于课程现实，面向课程事实，再现幼儿学习过程及教师成长历程的课程事件，以重温教育经验，体验教育过程，发现教育目的。

"串"通一气

【课程缘起】

晨间谈话中,晨晨小朋友说:"走,我家就住在鲤中步行街,我带大家去鲤中步行街参观吧!"在晨晨的带领下,孩子们走进了鲤中步行街,看见步行街上的各种小吃,一回来就纷纷开始讨论。在跟孩子们的交流中,教师发现好多孩子谈到小吃时对串串香的话题很感兴趣,串串香以其独特的魅力遍布大街小巷,激发了他们自己动手做串串的灵感。小朋友有的说要带土豆、有的说要带藕片、有的说要带西蓝花、有的说要带胡萝卜——幼儿园的种植区有各种各样的蔬菜,宝贝厨房又是孩子们大显身手的场所,当提议开展这个游戏时,孩子们都很开心。将美食文化融入到教育教学中,不仅能促进课程内容的丰富与形式的多样,还能进一步提高幼儿学习的主体性和生活技能的协调性,能更加有效地促进幼儿的全面发展。

【课程实施】

孩子们带来各种各样的串串食材(有海带、藕片、白萝卜、西瓜、香蕉、肉丸和火腿肠等),很着急想把各种食材都串起来。由于孩子们前期在宝贝厨房已经有了洗切等生活技能的经验,所以在这一环节中,我决定不直接告诉他们做串串的方法,而是鼓励他们自主探索如何去串食材。

一、"串串香"招募啦

幼儿的变化与成果:

宝贝厨房"串串香"开始招募啦,想要报名的孩子们自觉地排起了长队,一边排队一边讨论。不一会儿,活动就报满了。梦琪提出一个问题:"宝贝厨房'串串香'需要各个岗位的工作人员,洗菜的、串串的等等,那我们要怎么分配呢?"梦琪和昕晨都想当串串工作人员,经过石头剪刀布后,获胜的梦琪成为了"串串香"的串串工作人员。最后,大家都选到了自己喜欢的岗位。何淼担任配菜员,睿涵担任洗菜员,昕晨担任串菜员。睿涵看了一眼周围,疑惑地问:"老师,我们角色分配好了,那我们'串串香'要在哪个地方串呢?"孩子们一听,就开始纷纷思考了:"对哦,我们'串串香'串的地点要定在哪里?烹煮区开在哪里?用餐区开在哪里?"于是,他们找起了位置,一会指这,一会指那,最后经过讨论一致决定,"串串香"餐厅要开在宝贝厨房前面的大厅里,在宝贝厨房里面煮,也在宝贝厨房里面洗菜,选好位置后孩子们脸上露出了自信满足的笑容。

幼儿的问题:

师:"你们刚招募时有没有遇到什么问题?"

梦琪:"大家都想当串串的工作人员,那我们要怎么分配呢?"她无奈地摇摇头。

睿涵疑惑地问道:"'串串香'要开在哪个地方呢。"

孩子们通过实地勘察,一致觉得宝贝厨房前面的门厅是"串串香"用餐区位置最好的选择。

幼儿的探索与发现:

师:"当你们遇到角色有争议的时候怎么办呢?"

西西:"可以用石头剪刀布的方式解决。"

师："用餐区要开在哪里，厨房要设置在哪里？"

一诺："用餐区开在大厅里，串串香煮的时候在宝贝厨房里，这样两个区域分开卫生更好。"

梦琪："大厅里空间很大，桌椅也可以摆放很多，在吃串串的时候还能吸引更多班级的小朋友来宝贝厨房参加活动呢！"

西宁："我也觉得那个大厅位置是个很不错的选择。"

教师的思考：

"串串香"招募环节孩子们迎来了角色分工、场地选择的问题。孩子们商讨活动场地选择以及人员分配，活动中有角色争抢的现象，在教师的协调下通过石头剪刀布的方式得以解决。接下来进入活动材料准备环节，我鼓励幼儿共同收集"串串香"食材，通过家长资源丰富幼儿关于串串香的生活经验；请家长周末时带幼儿到步行街参观并体验串串香；收集现实生活中串串香现场营业和操作流程的视频，将真实情景带入到游戏中，进一步丰富幼儿的活动经验；幼儿游戏中我观察幼儿是否明确角色职责，鼓励幼儿通过协商等方式进行活动并及时加以指导，在下次活动中进一步引导幼儿学会相互合作，共同制作串串香。

《指南》指出："教师应通过问题为导向的方式引导幼儿思考并对事物进行比较、观察。"作为观察者，当我发现孩子们对于角色分配有争议的时候并没有马上介入，而是让问题发生，观察幼儿是如何自主解决问题的，给予他们足够的时间和空间，让他们在尝试角色分配、场地选择中发现问题、解决问题。等招募结束后，我向孩子们抛出启发性的问题"当你们遇到角色有争议的时候要怎么办呢"，引发幼儿积极思考、探索，寻找问题的答案。"串串区要在哪里，用餐区要设置在哪里"，我又以追问的方式引导幼儿大胆思考。这次串串香场地的选择将吸引更多班级的孩子参与到宝贝厨房的活动中来，引发下一次"串串香"开张的游戏！

二、"串串香"开张喽

幼儿的变化与成果：

"串串香"开张啦，孩子们欢呼雀跃，争先恐后地涌入宝贝厨房开始串串，一个个有模有样，不亦乐乎。咦，"串串香"的食材区怎么有点乱呢？小朋友们一窝蜂地挤在食材区前，有的整个身子趴在柜台上，将食材区顶得不能后退，食材区的工作人员都手忙脚乱。我轻轻地来到食材区前说："我想领取一点西兰花做串串，可这里大家都没排队，我该不该排队呢？"小朋友们听了我的话才排起队来。担任食材区点菜员的梦琪显得有点不耐烦，一脸不开心地对顾客言博说："你到底点不点？不点快走开！"担任串菜员的睿涵串好之后放在旁边，一直在喊："淼淼，快点来，把这些串串拿过去煮！"可淼淼却不知道在哪里，后来睿涵自己拿去煮了。

游戏结束后，我请小朋友谈谈自己在串串时的感受，孩子们畅所欲言。我将"串串香"开张时混乱拥挤的一幕讲给幼儿听，他们纷纷表示应该排队领取食材，避免现场混乱，于是我们一起将这一条列入到规则中，孩子们都表示同意。

幼儿的问题：
师："食材区怎么有点乱呢，为什么会出现这种现象呢？"
"我要领取萝卜，我要领取藕片，我要——"
"那你们到底谁先领取食材，我都听不清了。"梦琪看到这种场面有点不耐烦地说。
"你到底要不要食材，不要就快走开。"佳佳生气地说道。
"能不能排队一下呀，这么乱，要等很久才能有串串吃的。"昕晨说。
通过融入游戏引导幼儿有序排队领取食材，孩子们潜移默化就学会等待，能够按顺序一个一个排好队领取串串食材。

幼儿的探索与发现：
师："小朋友不排队，不遵守规则的时候怎么办呢？"
木木："可以带着他们一个一个排好队。"
佳佳："组长要维持秩序。"
师："遇到争吵这种现象要怎么办呢？"
"让组长出来解决问题吧！"一旁佳佳着急地说。
"可以问问是不是有别的需要。"妮妮说。

教师的思考：
这是"串串香"第一次正式串串，幼儿都很兴奋很着急，导致食材区的现场有点混乱，领取食材时随意走动，没有排好队，游戏常规不足。跟孩子们讨论完后，我提出活动新要求。"串串香"游戏规则都是幼儿亲身实践后制订的，相信有了切身体验的幼儿在以后的活动中一定能很好地遵守。活动规则如下：在串串食材区要坚守岗位，不擅离职守；人员分工要明确各自的职责，做好各自本职工作；加强常规行为管理，如领取食材要排队，工作人员的态度要友好。我以参与者的身份融入活动，潜移默化引导幼儿遵守活动中的规则，讲文明，有礼貌。

三、"串串香"竹签要小心哦

幼儿的变化与成果：
游戏开始了，工作人员们穿上"职业装"，顾客们高高兴兴地点餐，一切都是那么井井有条。我观察着幼儿，感受着店里的勃勃生机。"串串香"排队井然有序，顾客与收银员和谐交谈着："你要辣的吗？""不要，我不喜欢吃辣的！""请问您想吃什么？""我要一串玉米、一串鱼，请问多少钱？""串串香"的柜台前排满了顾客，收银员和串菜员配合默契，一个帮顾客点好餐后递到厨房，一个收到餐品后将餐品用竹签串起来，厨师就负责将餐品进行加工，服务员用盘子将顾客点的餐品端上顾客的餐桌。这时，餐厅传来了一阵嘈杂声，顾客峻琳说："立扬你要小心点，这样很危险的。"立扬不听劝，还是将吃完的竹签挥舞起来，一不小心就碰到了筱婷的脸，后来立扬向筱婷道歉了。游戏结束后，"串串香"的工作人员开始收拾材料，他们随意地将工具和食物放在了同一个箱子里，虽然速度很快，但是材料收拾得有点混乱，有些工具就被遗忘了。

幼儿的问题：

师："遇到竹签这种情况怎么办呢？"

萱萱思考了一会说："可以在桌面上放一个小篮子，把串串竹签放到篮子里，需要的时候再拿出来，串好的也及时放在篮子里避免危险发生，能让串串更加干净。"

师："那我们下次游戏时要记得投放小篮子哦。"

幼儿的探索与发现：

孩子们分组进行串串，先去食材区领取食材，将串串食材洗干净再进行串串的制作，通过层层叠加、有序排列、红绿相间等各种方式进行串串。串好后，孩子们相互商讨要给串串定价格，发现再串的过程中容易出现竹签伤人的危险现象，这在下一次的活动中引导幼儿去解决问题。

可欣："哇，我的串串好香呀。"

"哎呀，我的串串老是掉下来。"诺诺举着串串皱着眉头说，"奇怪，为什么我的串串会掉下来呢？"

雨航："老师，你快看，我的串串漂亮不？是红色和白色萝卜一块串起来的。"

佳佳："老师我的是绿色空心菜，好长好长呢！"

师："那你们觉得谁的串串最好看呢？"

同样都是串串，为什么有的小朋友串得又好看又结实，有的串的老是掉下来？在我的提醒之下，孩子们仔细观察，发现原来串串可以是同一种食材，也可以是由不同颜色的不同食材组成的。

师："竹签没有用的情况下应该放在哪里才能避免危险？"

佳佳："没有用竹签的时候不要去拿，更不要随意晃动竹签。"

"串好的串串要及时放在篮子里，不要把串串举高高。"洋儿边说边比画着。

用不同的食材、竹签进行串串，能力强的幼儿能通过颜色、大小、形状进行创作。经过对比，孩子们发现原来串串也可以用来排序；还给串串定价格；但是串好的串串直接放在桌面上不合适，经过讨论，最后大家一致认为每个小组都要提供篮筐，并遵守规则不把竹签和串好的串串晃来晃去。

教师的思考：

一串一串串好，水开下锅煮熟捞出沥干水分，再泡在番茄味的调料里，配上孩子们自己种下的小葱，淋上芝麻酱，真是色香味俱佳，百味鲜菜馋口水！孩子们虽是很想快点吃上串，但在一次又一次的活动中学会了安静等待。等待的结果是心满意足，拿着自己串的串串香，干净又卫生，营养又健康，孩子们食欲大增，吃得津津有味，平时不爱吃的蔬菜也通通吃进肚子里。

《指南》指出："教师应做好幼儿活动的支持者、引导者和合作者。"当部分幼儿发现串串失败而困惑不解时，我便引导孩子们用看一看、说一说的方式，让他们去观察、去发现问题。在重组经验和梳理提升后，我们发现串好串串的技巧，还学会将不同食材相间着串，串串还隐藏着排序的知识。生活即教育，教育即生活，从串串中孩子们直接感知串的技能，亲身体验串串的香味。

四、"串串香"买一送一啰

幼儿的变化与成果：

活动开始了，孩子们有了上次的经验，这次有序排队挑选食材，在上次活动中总结了经验——原来串串可以是不同的食材相间串着，这样又好看又好吃。不一会儿，串串越来越多，咦！这么多的"串串香"吃不完要怎么办呢？

幼儿的问题：

"老师，我们串了好多好多的串串，你看——"木木无比自豪地说。

"吴老师，这么多的串串我可以拿去卖吗？"锦诚悄悄地问我。

师："那你想怎么卖呢？"

锦诚："可以买一送一呀。"

佩奇："可以买五送橙汁哦。"

师："可是别人都不知道我们有活动，怎样才能让大家都知道呢？"

梦琪灵机一动，大声吆喝起来："买一送一啰！走过路过千万不要错过！"

幼儿的探索与发现：

在梦琪的带动下，平时比较内向的森森也跟着大声吆喝起来，一下就吸引了大批顾客。

于是我抛出了新问题："怎样才能吸引更多顾客？"

"买一送一！""大甩卖！""做广告！""送优惠券！"……慢慢地，"串串香"的气氛更加浓厚了。

佩奇："我要串5串玉米，送1串黄瓜。"

佳佳："我要多串一些红白萝卜搭配的进行大甩卖。"

西西："等我串好了，我要画一张画放在门口吸引其他班的小朋友也来宝贝厨房做串串。"

幼儿们纷纷各抒己见，小脸笑开了花。

教师的思考：

幼儿的学习是以直接经验为基础，在游戏和生活中进行的，教师要珍视游戏和生活的独特价值。让幼儿自己去发现问题，找到解决问题的方法，这样，孩子们才会不断进步，获得长远的发展。幼儿的角色意识有了突破性的进展，游戏时不再随意走动，对自己的身份有了较为明确的认识，游戏常规也有了很大的进步。

【课程感悟】

丰富多彩的串串活动让孩子们感到不一样的氛围，好玩、好吃、又有趣，乐在其中；快乐、成功、满足，发自肺腑。"串串香"丰富了幼儿的生活经验，作为幼儿生活中很熟悉的场景，幼儿非常感兴趣，更加投入和专注，更愿意去摸索和体验，更容易获得相关的经验来激发幼儿交往的主动性；"串串香"从个体到相互合作再到后面"买一送一"活动的拓展，打破班级界限，交往的覆盖面更广，培养了幼儿在和不同人交往时学会运用不同的交往技巧来提升交往能力；游戏中自主、自信、自在的快乐，让每一个参与者都能感同身受；从招募到准备再到正式制作，都是幼儿模仿真实生活展开的学习内容，其中涉及幼儿发展需要的各个领域，幼儿在实际情境中遇到真实的问题，在解决实际问题中获得学习的机会。

活动中教师应少干预幼儿游戏，但少干预并非等同于不要教师的适当指导，教师观察了解幼儿在游戏中的表现，对幼儿进行随机指导，不但不会影响孩子游戏的开展，而且更能激发孩子参与游戏的兴趣。教师过程中还应遵循兴趣性原则、循序渐进原则、尊重儿童原则、预设和生成相结合的原则，不同进程中应该根据不同游戏的需要，体现观察者和支持者的角色。

稻草人：果子保卫战

【课程缘起】

一粒种子引发的探究。春天，是播种希望的季节，孩子们在这个季节里感受着温度、风、种子在悄悄改变，撒下的种子生长着、变化着，一天孩子们发现——咦？小草莓上为什么有这么多的洞？草莓被谁吃了？针对此现象，幼儿展开了激烈的谈论："我猜是虫子咬的！""不对，我看应该是小鸟吃的！"小朋友们七嘴八舌地议论着。

【课程实施】

一、保护果子有办法

幼$_1$："我们怎么才能保护我们的果子呢？"于是孩子们开始仔细思考保护果子的措施。

幼$_2$："杀虫剂，这样虫子和小鸟就不敢来吃了。"

幼$_3$："不行，小鸟不小心吃了药会死的，我们的果子也不能吃了。"

幼$_4$："我们可以让机器人来保护果子。"

幼₅："机器人要有电，那没电了怎么办？"
幼₆："我们可以挖陷阱，这样小鸟来了就会掉进去了。"
幼₇："不行，不行，这样我们的果子也要挖掉了。"
幼₈："用稻草人，我在山上采摘的时候看到过，我妈妈说这样小鸟就不敢过来了。"
幼₉："我在我老家看到过。"

最终，经过孩子们的讨论，我们的果子保卫战开始了——制作稻草人，并向布艺坊提交了预约申请。

二、问稻草人

"稻草人是什么样子的呢？"

"我看到的稻草人很高，而且穿着衣服，戴着一顶帽子。"

"我看到的稻草人穿着可爱的衣服，下面还有很漂亮的裙子呢。"

"我看到的稻草人好像没有手，只有帽子。"

经过调查与讨论，孩子们心中都有了一个稻草人的形象。

教师的思考：

从幼儿讨论中感受到他们对制作稻草人的憧憬，可是稻草毕竟是幼儿没有接触过的材料，如何使用这种材料制作稻草人呢？在分享活动中，我引导幼儿围绕"稻草人是用什么做的""制作稻草人需要准备哪些材料""我们要从哪里获得帮助呢"等问题自由交流，进一步丰富幼儿对稻草人的相关经验。

三、绘稻草人

那我们要做一个什么样的稻草人呢？

在制作稻草人之前，需要构想稻草人的造型和风格。孩子们自由组合成组，根据稻草人的风格和特征，将自己所想的稻草人用设计图的形式绘制出来，于是一张张生动可爱的稻草人设计图诞生了。

四、创稻草人

孩子们商量了制作稻草人所需要的材料：稻草、木棍、绳子、草帽、衣服、毛根等等。

1. 邂逅稻草。

为了支持孩子们的活动，与家长相互沟通后，我给孩子们拿来了一捆稻草，孩子们在看一看、比一比、摸一摸、闻一闻的过程中认识稻草。

2. 尝试制作稻草人。

带着设计好的图纸和搜集的材

料，小朋友们开始了第一次制作。可是刚准备动手制作，问题就出现了："要做多大的稻草人？""从哪里开始制作呢？""稻草量怎么分配？"

孩子们七嘴八舌地议论起来："就做跟我一样大的。""做跟手臂一样大的。""跟老师一样大。"到底哪个尺寸好呢？我建议孩子们到菜地实地测量一下，于是孩子们前往小菜地开始测量。

幼₁："你看菜地这么小，他们三个站在一起就很挤，做一个稻草人就够了吧！"

幼₂："我觉得可以做小一点，围着小菜地一圈。"

实地测量后，稻草人制作开始了。

可是刚动手制作，新的问题就出现了："从哪里开始制作呢？""稻草量怎么分配？""如何进行测量？"有的幼儿建议从稻草人的腿开始，先把腿扎紧。先扎腿的话，会不会不好固定稻草人身体的其他部位呢？所有问题都陆续出现在幼儿面前，这是幼儿当下必须要解决的。

3. 首次制作，发现问题。

面对第一次出现的问题，小朋友们又开始了一轮讨论："从哪里开始下手，按什么顺序继续扎下去最合理？"只有不断地发现问题才能解决问题，带着大家的疑惑和出现的问题，通过查看之前绘制的设计图，我们再次进行了激烈的讨论："可以从

上往下扎,先固定脖子位置,再找到手臂位置,最后再分两条腿。"

4. 再次调整,构建新经验。

在制作过程中,孩子又遇到一些新问题:"不能准确计算稻草人的数量""稻草人的分配不均匀""稻草人如何站立起来""稻草人身体和脸部如何装饰"。根据前面制作的经验和产生的新问题进行验证调整,幼儿们通过查找资料、寻求他人帮助等方法,再次丰富了关于稻草人的结构、制作步骤等相关经验,孩子们又展开了团讨,并针对首次失败的原因作了分析。

(1)稻草量的分配不均匀。

稻草量该如何分配,才能保障幼儿顺利做好稻草人?幼儿通过主动比较、测量,寻找解决问题的途径和方法来保证稻草人各部位比例的协调。

(2)幼儿重组分工。

稻草人的制作不是一个人能独立完成的,幼儿在问题情境中自主学习合作。幼儿有的拿稻草、有的扎、有的绘画,还有的在给稻草人做装饰,随着活动的不断深入,幼儿自主形成分工合作,配合默契。

(3)材料的选择。

选择什么样的材料粘合既稳固又美观呢?幼儿合作用旧衣物和旧的塑料袋制作了稻草人的彩绘衣服、彩绘眼睛和鼻子。

5. 呈现成果,体验快乐。

在一次次的调整、制作中,稻草人终于诞生了。当作品呈现出来时,孩子们欢呼起来,和稻草人一起摆出不同的造型。"快来看,这是我们制作的稻草人!"孩子们商量后,把稻草人放在幼儿园种植区域。

【课程感悟】

儿童的直接经验是在操作体验感知中产生的,更是在挑战能力边界、不断思考的过程中得以实现的。强调基于问题的探究兴趣和过程,不仅体现在科学领域的探索和实践,更体现在一日活动中对环境的支持、材料的多元以及课程的生成;发挥原有综合主题活动的优势,关注更多生活与课程的整合交融,推动孩子的全面发展!

花艺坊"干花之旅"

【课程缘起】

大二班的小朋友最近预约花艺坊,进行插花活动。一天,有一位小朋友惊讶地发现花盆中的插花耷拉着脑袋,蔫蔫的,花瓣掉落了几片。他自言自语地说:"感觉花儿快要枯萎掉了。""花枯萎了,就要丢到垃圾桶里了。"有个小女生说:"不行,不能丢掉,我有点舍不得。"另一个女生说:"那要怎样才能把花儿留住?"有的说:"我们可以给花浇一点水,会不会就不干了?"有的说:"我们可以把它放在水里泡一下。"有的说:"我们可以做干花。"……最后大家一致同意制作干花。

一盆快枯萎的花,引发了一个教育的契机,花开花落这种带有美感的自然现象萦绕在孩子们身边,冲击着孩子们的眼球。针对孩子的问题,我们一起进行了讨论、探索。在寻找答案的过程中,孩子们发现可以把花做成干花,这样既保持了花原来的样子,又可以使它不会枯萎。每个幼儿心中都有一颗美的种子,教师需要做的是和幼儿一起沉浸式感受、发现和欣赏这种自然环境带来的美并支持孩子创造美的行为。

【课程实施】

一、怎样制作干花

第二天，孩子们分享"干花制作方法"：

"可以放在有太阳的地方晒干。"

"可以用绳子把花挂起来自然风干。"

"用吹风机把花吹干。"

"把花放在书本里，压干它。"

孩子们自行分成 4 组，分别是：太阳晒干组、自然风干组、书本压干组、吹风机吹干组。他们分组讨论各自所需的材料和工具，并记录下来；然后到室外采集野花野草，寻找辅助材料，开始尝试制作干花。

1. 太阳晒干组。

"有太阳就可以晒花啦！"

"靠近窗户的地方有阳光。"

"我们就在教室里晒。"

几个小朋友凑到一起，把花摆放在纸巾上再放在靠窗的桌子上晒。

2. 自然风干组。

小朋友们讨论如何风干花儿。有的提议:"拿一条麻绳,把花夹到麻绳上。"梓涵说:"我们把它放在窗边让风吹,让太阳晒干。"优优说:"我要到外面晒花了,有谁想跟我一起去?""我们跟你一起去!"于是几个小朋友拿着麻绳和夹子去外面晒花。

孩子们选了一处干燥且通风条件良好的位置,把麻绳两头分别系在秋千椅上,有的孩子把鲜花枝干上的叶子用剪刀剪掉,将这些花朵夹在麻绳上;有的孩子把鲜花扎成一束,然后用皮筋把它们捆了起来,倒挂在通风处,进行自然风干。

3. 书本压干组。

孩子们根据自己的已有经验,找来了几本厚的书本,挑了一些花放在纸巾上然后夹在书页中。他们还找来了几块石头压书。

4. 吹风机吹干组。

孩子们拿起吹风机很兴奋,对着鲜花猛吹,结果过了一会后就陆陆续续听到:"老师,手好烫啊""老师,手好酸啊"等话语。航航用吹风机吹了一会儿之后,花朵都掉地上去了,愁着眉头告诉我:"老师,我是不是不能做干花了?"

教师的思考:

通过调查与经验共享,幼儿知道了很多制作干花的方法。在此次制作干花的活动中,我们充分尊重幼儿的个体差异,充分满足幼儿的自主选择,通过分组的方式引导幼儿对不同的方法进行尝试。凡是幼儿自己能做的,能想的,就让幼儿自己去做自己去想,让他们自己去探索,去发现花的"新大陆"。作为老师,我们要放手,让幼儿做观察的主人,作为家长,在孩子们有需求的时候,可以适当地指导和帮助。

二、干花变变变

小朋友们对于这四种干花制作法进行了观察及记录。猜猜看哪一种方法制作的干花又快又好。记录内容有:花儿的颜色、干燥程度、花儿们发生了哪些变化。

一周之后,风干组的孩子们发现花朵都萎缩了,像花苞一样,叶子也变黄了。晒干组的孩子们发现把花放在窗口能晒到太阳的地方,时间久了,花越来越黑,经过试验,发现活动并没有成功。

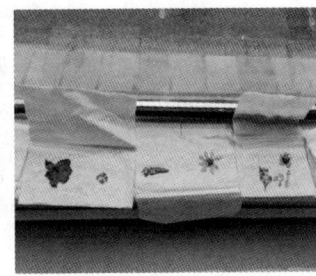

孩子们又耐心观察了几天,他们分享着自己的发现:

"花朵变得脆脆的,有的还枯萎了。"

"老师,我的花颜色变了。"

"我的花好像有桃子的味道。"

"我的花烂了。"

"我的花被压得薄薄的。"

"放在书中的花,变得干干的、扁扁的,跟晒干和风干的花不一样。"

最后孩子们发现每一种方法都可以将花朵制作成干花。晒干组的孩子发现要将花儿倒放在阴凉通风的地方,靠风的力量把花风干,而不是放在窗口晒干。书本压花组的孩子发现压出来的花朵较为扁平,其他组的花朵保存得较为完整。

教师的思考:

孩子们通过观察与比较,归纳和总结每一种干花制作方法的优势与劣势。教师在这一过程中充分放手、观察、陪伴、鼓励、支持、信任,为孩子们的多种可能、多样发展,搭建了广袤的成长空间。孩子们对制作干花有初步的了解,但是还缺乏关于制作干花的方法和保存花的知识经验。吹风机组和晒干组的幼儿干花制作没有成功,他们自发提出回家再查阅资料、询问家长来了解更多的方法,决定再次尝试制作干花。

三、干花再制作

针对"还有哪些制作干花的方法"问题,孩子们交流分享着自己搜集的新的制作方法:"在花里放一些干燥剂。""用押花板押花。""用烤箱烤。"……于是上次制作干花没有成功的孩子,又自发组成两组:"押花板押花组"和"干燥剂干花组",继续尝试干花制作。

1. 押花板押花组。

活动开始之前,请幼儿观看"押花器押花"的视频。幼儿通过观看视频,初步了解了步骤,开始进行实际操作。彦欣、晨言等小朋友仔细地将花瓣一片一片整理好,放在押花器上,再覆盖上押花板。

耐心等待几天,她们把押花器里的薄衬纸、海绵、干燥板一层一层地揭开,拿着镊子小心翼翼地将制作好的干花夹进密封袋中。

2. 干燥剂干花组。

梓妍带来网购的干燥剂,萱萱、可欣等几个小朋友也围过来一起参与。梓妍先把干燥剂倒在空的罐子里,倒了一部分后,跟萱萱一起修剪花的枝干,再把花放到罐子里,当发现花朵太高了,她又把花拿出来,继续修剪枝干的长短。当修剪到合适的长度之后，萱萱把干燥剂倒在花朵上面，然后再摇晃瓶子，让瓶子里的干燥剂铺得均匀一些，直到干燥剂完全把花朵盖住。

几天过后，梓妍打开密封盒，开始寻找干花剂里的干花，她找到了第一朵完整的干花，轻轻地把花上的干燥剂拨下来，生怕弄坏了干花，还把散落在桌子上的干燥剂捡进密封盒。不一会，若伊，萱萱也都找到了干花，她们成功啦！

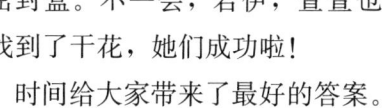

时间给大家带来了最好的答案。通过此次制作干花，孩子们发现：干燥剂组是干得最快的；吹风机组前期见效不快，还出现了倦怠的现象；还有就是风干组、晒干组大家都觉得花儿倒挂和摆放出来很漂亮，有些花儿干了之后虽然变小了，但是颜色却没变；书本压干组也可以制作出漂亮的干花，能把花的颜色和形状都很好地保留下来。

教师的思考：

在一起寻找更多更好的制作干花的办法中，孩子们脑洞大开，多次进行了尝试。通过实操每一种干花制作的方法，幼儿不仅丰富了干花制作的知识经验，还了解到不同形态的鲜花所适合的干花制作方式。

四、干花可以用来做什么

对于制作好的干花，小朋友们又有了新的想法："这么多的干花，可以用来做什么？"我们和孩子们一起共同制定了一张调查表，让孩子们回去后和爸爸妈妈一起查询相关资料，想一想有没有什么好的办法，并请孩子们上来分享自己的发现。

"我见过干花做的扇子，很好看的。"

"做书签吧！看书的时候能用上。"

"我看见有一种干花，它是在水晶里面的，还可以立起来。"

"哇，这么神奇呀！"

"我知道了，你说的是滴胶干花。"

我们一起对调查的结果进行了总结，分别是干花书签、干花香袋、滴胶干花以及干花吊饰、干花插花等，孩子们对于选出的几种方案也表达了自己的想法，进行了投票。最后，我们和孩子们一起对投票结果进行了统计，滴胶干花是投票最多的选项，于是便决定一起制作滴胶干花。

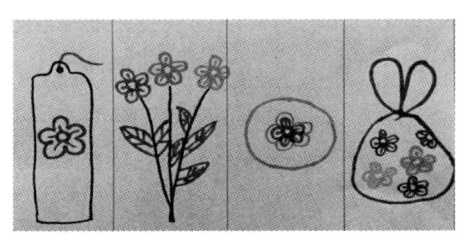

孩子们对制作滴胶干花充满好奇。第二天，我带来了滴胶干花作品让孩子们欣赏。孩子们发出了感叹："干花被玻璃压住了。""它好像不是玻璃，像胶水。""哇！看起来好美呀！就像亮晶晶的宝石一样。""它到底是用什么材料做的？"

教师的思考：

透明的滴胶，让藏在里面的干花宛若新生。孩子们对滴胶干花非常感兴趣。为了保护孩子的好奇心和探究欲，锻炼孩子的想象力和动手能力，我们打算和孩子一起尝试滴胶干花制作，让花儿盛开在滴胶里，将它最美好的模样定格封存。大家一起讨论滴胶干花是如何制作的，小朋友们都表示不了解，为了解开孩子们的疑惑，我们和孩子们一起观看了滴胶干花的制作视频。

五、制作滴胶干花

1. 制前准备。

我们和孩子一起查询了相关资料，总结出了制作滴胶花前的准备：模具、花朵、AB胶、UV胶。然后老师在淘宝上下好订单，等待快递把滴胶和模具送到幼儿园。孩子们把制作好的干花装在盘子中备好。

2. 制作过程。

孩子们根据自己的小组选择喜欢的模具，然后每个人选择自己喜欢的花瓣，放进模具里平铺好，再把 UV 胶或 AB 胶滴到模具中。

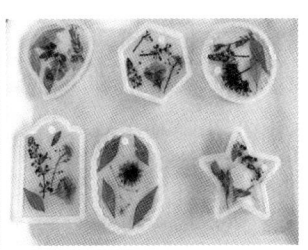

3. 发现问题。

孩子们每天都去观察滴胶变干的情况，就这样过了一周，有几个孩子发现有些滴胶仍然没有完全变硬。面对这样的情况，他们不免有些着急："我们做成功没？""它黏黏的，是不是失败了？""我知道了，是水晶滴胶放得不对。""也有可能是因为没有搅拌。"……

到底是什么原因呢？

4. 解决问题。

孩子们带着疑问找到了老师，询问出现这种情况的原因。为了解决这个问题，教师便带领孩子们再次进行了讨论，一起想一想解决的方法。经过一番商讨，孩子们都决定把滴胶花朵放在有阳光、通风的地方。

教师的思考：

孩子们在不断尝试中发现新鲜的事物——滴胶，我们要做的是满足孩子的好奇心和渴望主动发现、主动探究的心理，提供材料支持幼儿的下一步探究,让幼儿获得最真实的感受。孩子通过了解水晶滴胶的制作过程,知道了用水晶滴胶制作的植物标本不仅可以保持植物原始的美,还可以达到永久保存的目的。经过了这段时间的讨论、探究、实验和再制作,虽然有很多困难出现,但孩子们都很好地克服了,最后的滴胶干花作品也很好看。经过和小朋友们的商讨,我们决定开一个滴胶干花的作品展,请别的班级的小朋友们一起来欣赏。展出时,小朋友们也都觉得很漂亮,很吸引人,纷纷给出好评。

【课程感悟】

这场"干花之旅"从"如何留住一朵花"的好奇发问出发,我们以花朵为线索带领幼儿探索生命的绽放与留存,将花草树木的自然生活材料转化成一个个有趣灵动的课程故事,将幼儿对花朵的爱惜之情迁移至对自我、个体与他人,让幼儿从中体悟生命的美好。从日常生活延伸到花艺坊再拓展到区域。孩子们在一系列的实践中去探索尝试,收获经验,产生问题,解决问题。教师作为幼儿活动中的支持者、合作者、引导者不断地支持孩子们,满足孩子们的兴趣和需求,让孩子们在活动中获得了更多自由、自主的机会。这不仅仅只是一次课程之旅,更是一次人与人、人与自然、人与社会的对话交往之旅!花期有时,童心无价,相信只要做个有心人,定会在孩子的心中种下最美的花。关于花的探索我们仍在继续,在下个阶段,孩子们还会发现什么问题?引发何种学习呢?一起期待吧!

书啦啦小屋"那些人,那些事"

【课程缘起】

白色的医生制服、透蓝的防护服、红色的志愿者马夹、蓝色的警服……充斥在孩子们刚经历的令人难忘的流行性感冒期。国庆节、奥运会、神舟十三号、建党百年等人和事,丰盈了孩子们的整个秋天。于是晨间谈话的内容变得丰富了，幼儿同时也产生许多想法和疑问。医生为什么要穿白大褂和防护服？他们是怎么抗病毒的？建筑工程师怎么那么快建好方舱医院？苏炳添为什么能跑那么快？我看见宇航员出舱时都站不起来了，在飞船里他们会做些什么？理发师有哪些神奇的工具？警察叔叔会抓坏人和指挥交通，他们还有哪些本领？我想成为快递员，要为大家做哪些事呢？……

林宸浩提议："我觉得我们可以请书啦啦帮忙，多提供各种各样的职业绘本，这样我们就可以解开秘密了。"洋洋附和道："书啦啦里已经有好多劳动中的人们的书了，我们可请书啦啦老师和我们一起学习绘本！"孩子们边说边欢呼起来！

大三班孩子们冒出的问题烂若星辰！于是郑老师向我预约了为期三周的书啦啦之旅。

教师的思考：

（一）已有生活经验和情感储备

今天预约进书啦啦小屋的是大三班孩子们，引发孩子们预约书啦啦的原因，是本学期停课一个月多的流行性感冒期间孩子们亲眼目睹、亲身经历的种种事件，比如排队做检测、看志愿者上门排查、听爸爸妈妈讲医生护士的艰辛，还知道县长直播卖柚子等，更经历了国庆节和建党 100 周年的国事大事，以及观看奥运会运动员们为国拼搏争光等等，这些都是大班孩子们每天晨间与老师聊得最多的话题，于是生成了班级的主题活动——"了不起的中国人"，也就有了预约书啦啦小屋的需求了。

（二）主题活动的发展价值辨析

大班幼儿职业认知特点：在职业认知方面，对生活中、电视电影里能看到的劳动者有了部分的感知，但对不同职业工种的劳动内容并不是很清楚。让幼儿初步了解社会劳动者的多样性，提高他们的社会情感素养，培养劳动的责任意识，提高为自己服务、为他人服务的能力，是很有必要的。

大班幼儿情感的稳定性和有意性增长：幼儿已有爱家、爱社区、爱家乡的教育了，也有了初步的爱国情感。5～6 岁儿童的情感虽然仍会因外界事物的影响而发生变化，但他们情感的稳定性开始增强。大班儿童的规则意识逐步形成，他们开始学习控制自己的行为，遵守集体的一些共同规则。

大班幼儿阅读特点：大班幼儿在阅读中个性倾向明显，表现在对书本的选择具有个性化的、呈现不同的阅读喜好。在阅读时，能将图文进行有效的结合，并开始尝试画面信息的加工和运用，解决问题，寻找答案。

（三）本活动预期目标思考

1. 会带着任务查阅资料、查找自己需要的图画书解决问题。

2. 了解自己感兴趣的职业，能对印象深刻的内容进行记录、评判、移情表达。

3. 感受与他人交往的重要与快乐，愿意学喜欢的人去为他人服务。

【课程实施】

一、不同劳动的大人们

秋日的阳光洒进书啦啦小屋时，大三班的孩子们也如约而至了。

允允："黄老师，我们预约购买的不同职业的绘本听说昨天到货了，请问放在哪个书架上？"

洋洋："快看，这里有好多新到的书，有护士，有医生，有农民，有科学家的，快来看。"

顺着洋洋的声音，小伙伴蜂拥了过去。乐乐选了司机职业绘本，浩浩拿走清洁工和警察的职业绘本，东东和航航两人一起选了一本宇航员的绘本。

孩子们选好绘本后，又取了夹子、记录笔和记录本到各自喜欢的角落去阅读。

大约8分钟后，浩浩悄悄地趴在我耳边说："老师，我发现每种职业的工作都很好玩，都完全不一样。你能不能给我一张空白的纸，我想用自己的方式把我从不同书上看到的内容都记下来。"我摸了摸他的头，微笑地回应："这确实是个不错的主意。我帮你找张空白的纸吧！"

又过了25分钟，孩子们基本都阅读完自己喜欢的绘本，也做了阅读记录准备分享了。

允允："我看了两本绘本，发现护士好细心，又有爱心，帮助了好多病人。她怕小朋友打针痛会哭，还给小朋友讲故事，还给小朋友奖小红花。我还看了农民伯伯的绘本，他们好辛苦，太阳很大还在田里种菜，种大米，流了好多汗。我以后再也不留剩饭了。"

浩浩："我看的是售货员的绘本，她总是很有耐心，总是微笑，把各种食物介绍给顾客。她还把架子上的东西摆得整整齐齐。"

教师的思考：

孩子们对不同职业劳动者工作的兴趣，产生了对比了解的心理，对社会活动和实践生活有了探知的需求。从读图和识字的情况看，孩子们已有了较好的理解能力。同时也能从不同工种劳动者的工作中学会了做人做事的道理，并能联系自己的生活实际去思考。这样的阅读活动需要再深入，可以延伸到班级的主题活动去，满足孩子们进一步探知的愿望。

二、我们的小店开张了

随着大三班班级主题课程"了不起的中国人"的活动推进，孩子们有了新的阅读和查阅需求。今天，孩子们以小分队的形式来到书啦啦小屋，签到的共有 6 个名字。

"书啦啦老师，我们要去共享游戏区开家店，也可以是一家超市！我要当售货员！"

"我想来书啦啦小屋查阅区里看看去年大哥哥、大姐姐开店游戏的记录本和图书资料，可以吗？"

"我想把他们开店的方法也记录下来！"

在芝芝的提议下，几个小朋友都附和着。

于是这几个孩子在查阅区里寻找去年、前年、大前年的哥哥姐姐们开店游戏的各种资料。

孩子们边翻看边交流，当当还拿起售货员的胸牌戴上，自豪地让旁边的小伙伴看看。曦曦高兴地说："看，他们还和老师一起去步行街到处逛，还去奶茶店里喝奶茶了。"孩子们欢呼起来："我们也让老师带我们去步行街看看！"

20分钟后，负责记录的宏宏扬了扬手中的记录本对小伙伴说："我记了好多，要不要看一看？"其他小朋友都说想带回班级去跟全班同学和老师一起分享。

洋洋提议："要不我们再跟书啦啦老师借几本商店的书和服务员的书回班级跟小伙伴们分享？"得到我的允许后，他们在借书单上画下了四本绘本的封面记录。

教师的思考：

看着孩子们"满载"而归欢喜的样子和兴冲冲的背影，我也有了很多的收获。孩子们从阅读绘本的能力到查阅工具书能力的迁移，帮助他们解决了实际的游戏问题，收获的成就感满满当当。孩子们还能通过合作学习、分工配合的形式去获取小分队需要的信息，这是社会性能力的提升，也是合作解决问题能力的体现。他们能将所得的收获回归到游戏行动中，这是绘本和工具书阅读的最本能的意义。

三、我能行，我也能行

两个星期后，大三班的孩子们又来了。这回是被书啦啦小屋的老师邀请来向其他班孩子做经验分享了。孩子们9点准时到书啦啦小屋门口，还带来他们哈哈饮品店的各种画册、价目表、计划表、服务卡、优惠单等。

今天是个性化游戏时间，书啦啦小屋二层木地板上围坐着来自小中大班各个班的孩子。

自信开朗的洋洋第一个坐到分享台上："我是棒棒的洋洋，这周我是班级的值日生，也是我们哈哈饮品店的老板。你们是不是觉得我很厉害？给你们看看我们店的画册和宣传材料吧……"

当当也边翻起哈哈饮品店的价目表，边得意地说："我也很棒的，我是服务员，这是我们的优秀员工卡，是我得到了，我的顾客都很喜欢。欢迎你们到我们店去消费！"

曦曦说："请大家给我们鼓掌吧！我们都是了不起的劳动者。"

教师的思考：

孩子们脸上的自信，除了来自对自己的信心，更来自劳动的幸福感，是从欣赏绘本中不同职业劳动者的工作，到萌发成服务他人的"劳动者"，再到用实际行动去展示自己的劳动，最后再到分享自己的喜悦。这样的过程是能力不断变化的过程，也是情感和精神状态变化的历程。

【课程感悟】

1. 领域核心价值与经验的获得。

本次活动中，孩子们带着已有的经验来满足自己关于"劳动者"工作内容、工具等学习需要，并自主地形成几个学习小分队。有选择自己喜欢的职业图画书的小分队，他们进行了翻阅和记录，并分享和移情表达；有选择查阅专区的小分队，他们对往年大哥哥、大姐姐开店经验的资料进行查找、阅读和记录，解决自己的问题；也有其他个性阅读小分队，根据自己的个性化学习需求，在书啦啦里展开自己的图画书之旅。

2. 帮助幼儿全面进行幼小衔接。

本次预约书啦啦小屋的是大三班的幼儿。对大班幼儿来说，早期阅读不单纯是发展阅读能力和兴趣，更是在阅读中，接受各种信息，获得观察、倾听、阅读、书写、表达等一系列看、听、读、写、说的幼小衔接必"接"的行为习惯、情感态度与知识能力的准备，为今后的学习打下良好的基础。活动中，幼儿亲历与他人之间的阅读互动、分享、协商、合作，接触生活中各种丰富的形体符号、实物、图像等等"活"的图画书，把收获的经验迁移到家庭生活和社区生活中。幼儿经历了前阅读、前书写、前识字、倾听与表达、尊重与互助、解决问题等等方面的体验学习，向往小学生活，为即将成为小学生而自豪，提升了幼小衔接必"接"的交往与适应、身心健康、欣赏与创造、探究与认知等方面能力，为升入小学做好准备。

同时，本主题的体验学习，也激发了孩子们感恩"英雄"和"了不起的人"为我们的生活付出的劳动，产生敬佩和喜爱之情，进而引发行动起来为他人服务的意识，实现向小学过渡的社会性情感与能力的储备。

草娃娃，我来照顾你

【课程缘起】

故事从小班刚入园的哭闹情景开始——"我要妈妈，我要妈妈……""老师，能不能带我去找妈妈？""我妈妈是不是不要我了？""我的妈妈在哪？""我想妈妈了！""我妈妈什么时候才能来接我？""我能很快见到我的妈妈吗？"……

教师的思考：

开学前的入园，很多孩子都是妈妈陪着，孩子有了依恋和安全感，没有哭闹。正式入园了，妈妈不在身边，又是离开很长的时间，孩子们心里有"离开妈妈"的影子。我发现班上孩子们对妈妈的依恋感很强。结合孩子们想妈妈的依恋现象，我们准备了"大眼萌仔"草娃娃，让孩子换角色扮演妈妈，学习照顾植物的简单技巧，从中感受妈妈对自己的爱是无止境的。

【课程实施】
一、我来认养草娃娃

一波"草娃娃"的到来，使宝贝们转移了对妈妈的依恋感，大家对初来乍到的"新朋友"充满了好奇，开始观察它的样子并热烈地讨论着。黄湉芯说："它怎么光秃秃的？"爱哭的安之也不哭了，看着可爱的草娃娃问："它叫什么名字？"杨祎姈目不转睛地盯着，说："我可以照顾草娃娃吗？"欧子冉说："它的眼睛好可爱啊！"思怡说："它还戴着小蝴蝶呢，肯定是个女孩子。"星辰说："它长得矮矮的，像个木头一样。"有爱心的妍汐宝贝说："她可以当我的宝宝吗？"……开始认领草娃娃时，孩子们很兴奋，看着一个个可爱的草娃娃，忘记了对妈妈的想念，互相说着喜欢哪个草娃娃。于是，孩子们拿着自己的座号码夹子，认真挑选自己喜爱的草娃娃。方典宝贝看了看左右两边的草娃娃说："我要选这个蓝色的草娃娃。"瑾帆宝贝挑了前面一个粉色的草娃娃说："我要这个粉色的草娃娃，给它夹上我的座号夹子。"妍汐宝贝说："我要这个绿色的蝴蝶结草娃娃。"……看着自己的草娃娃，孩子们开始问："他会长头发吗？""为什么要叫他草娃娃呀？他没长草呀。"

教师的思考：

小班孩子们有分离焦虑现象，我们观察到宝贝们想妈妈的情绪特别强烈。结合小班孩子的年龄特征，我们投放平行材料草娃娃，让幼儿转移角色，体验以当爸爸妈妈的情感来照顾草娃娃。我们为每个幼儿都准备了属于自己号码的夹子，让幼儿挑选属于自己的草娃娃照顾。为了让幼儿了解草娃娃，我们通过视频给孩子们介绍了草娃娃为什么会长头发以及草娃娃的种植照顾方法，让幼儿知道怎样照顾草娃娃。

二、我来照顾草娃娃

认养草娃娃后，孩子们很是期待，有的宝贝一大早就来到了班级，想给草娃娃浇水；有的宝贝哭着进教室，我带其去自然区观看草娃娃，顿时不哭了，"我要给草娃娃浇浇水！""我也要照顾我的草娃娃。""我来照顾我的草娃娃。"……孩子们拿着喷壶开始往自己的草娃娃头上喷水。欧子冉宝贝打开喷壶的盖子，一手按着喷头，却发现按不动。"我怎么按不动，它喷不出水呢？"旁边的湉芯宝贝用大拇指按着喷头，按了几次喷出了水。一溧宝贝用双手食指按压喷头，发现也按不下喷头，喷不出水，他急着找老师说："老师，我喷不出水，你帮帮我。"我说："你试试跟湉芯一样用双手的大拇指按压。"一溧宝贝就开始用双手的大拇指按压，却发现还是按不下去，说："我的力气太小了，压不出来。"旁边聪明的欧子冉看到了，说："哦，我知道了，老师和妈妈说过要多吃饭才有力气，我们力气不够大，要多吃饭。"鉴于欧子冉平时吃饭慢挑食的现象，我说："对，要照顾好草娃娃，宝贝们自己要吃多多的饭，才能有力气按压喷出水哦！"聪明的欧子冉宝贝好像听懂了什么……午饭前，她特地在我耳边轻声地说："老师，我要吃饭，才有力气当妈妈，照顾我的草娃娃。"我摸摸她的头说："老师看你是不是做到了。"午饭时间，欧子冉宝贝果然大口大口吃起来，边吃边说"吃饭有力气"。这也是欧子冉宝贝爱上吃饭的小秘密！我把这个吃饭的动力跟宝贝妈妈交流了，妈妈很是欣慰，家里同步鼓励她自己吃饭。接下来几天她试着用双手的大拇指一起按压喷壶，果然按压下去，喷出了水，她笑着说："我也能喷出水啦！我可以照顾我的草娃娃啦！"

教师的思考：

通过这次按压喷壶的事件，我们发现幼儿照顾草娃娃的责任心特别强，大家都想着各种方法给草娃娃喷水，如通过不挑食进餐让自己更有力气。同时我们还发现孩子的手指力量不够，于是我们在益智区投放了锻炼幼儿手指力量的材料，通过一些区域游戏锻炼了幼儿的手指和手部力量。

三、草娃娃发型大变身

由于近一段时间连续雨天，草娃娃的头发在雨水的滋润下长得很快，头发已经长得很长了。孩子们隔着窗户看着草娃娃，担心地说："下大雨了，草娃娃会不会被淋湿？""草娃娃喝了一晚上的水，头发怎么变这么长了？""草娃娃的头发这么长了，我们该给它理发了？""草娃娃头发都遮住了眼睛，我们要不要给她梳起来？"……给草娃娃设计发型时，思怡宝贝拿了一个小猫形状的皮筋，她先把草娃娃所有的头发用手捆在一起，然后用皮筋扎了起来；余琦宝贝拿了两个粉色夹子夹在草娃娃的头发上；湉芯宝贝拿了两个熊猫皮筋，她先是把草娃娃的头发分成两半，然后给草娃娃绑了两个皮筋……给草娃娃剪头发时，星辰宝贝拿着剪刀剪着自己的草娃娃说："我要给草娃娃剪个光头。"子洋宝贝说："我也要给草娃娃剪个光头。"以诺宝贝说："我要给草娃娃剪个短发。"祎玲宝贝两只手分别拿着剪刀边剪头发边说："我要给草娃娃剪个漂亮的头发。"隽良宝贝拿着剪刀跟老师说："老师，我不会剪，你能帮帮我吗？"我示范拿剪刀的姿势："食指中指拿一头，大拇指拿另外一头，你试试看。"隽良开始试着剪了起来。最后孩子们面对自己剪的草娃娃说："我的草娃娃变光头啦！""我的草娃娃头发变短了！""你看娃娃变光头啦！""我的草娃娃头发变短了！""你看，我剪的草娃娃现在是不是很好看！"……

教师的思考：

雨天的到来，让草娃娃快速成长，面对孩子们提出草娃娃头发长长的问题，我提供了许多设计发型的工具，如皮筋、发夹、剪刀、画纸等，幼儿用自己喜欢的材料给自己的草娃娃设计发型。给草娃娃剪头发时，我发现有些幼儿还不会使用剪刀，于是我在美工区投放剪刀和不同层次的平行材料，让幼儿练习使用剪刀。

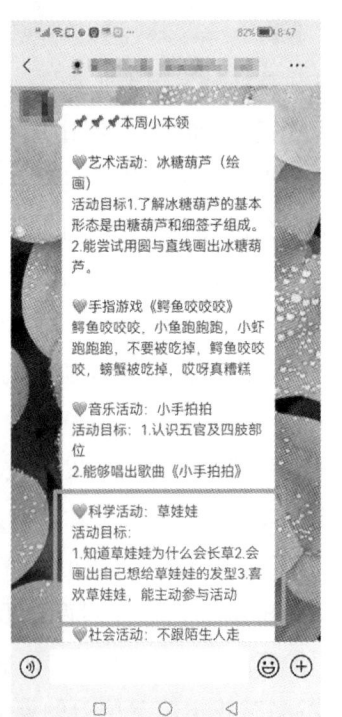

【课程感悟】

《指南》指出："幼儿科学学习的核心是激发探究欲望，培养探究能力。"在"草娃娃"系列活动中，孩子们从草娃娃是什么—草娃娃大揭秘—认养草娃娃—发现外形特征—养护草娃娃—草娃娃成长记—草娃娃变"型"记，扮演着"爸爸、妈妈"的角色，照顾草娃娃的生长，走进草娃娃的探究之旅：从幼儿的发现、教师的支持、幼儿的认领、养护的方法、草头娃娃的成长，到最后的草娃娃"变型记"，我通过一系列有趣的认知活动、游戏活动、生活活动转移了幼儿的注意力，让幼儿在兴趣中探究问题，分离焦虑的状况也渐渐远离了。

《指南》指出："应该注重引导幼儿通过直接感知、亲身体验和实际操作进行科学学习。"孩子是天生的"探究者"，幼儿园的细微变化都呈现在孩子们的眼里，大自然是最好的老师，它将万事万物都毫无保留地展示在我们的面前，让我们去看、去听。相信通过本次活动，孩子们收获的不仅仅是情感上的迁移、也了解了草娃娃形态、生存环境等知识，更重要的是学会了发现、思考和探究，亲身体验到解决问题的喜悦。这场难忘的种植之旅，不但拓展了幼儿生活经验，让幼儿体验表达与创造的乐趣，也给七彩的童年增添了一道亮丽的色彩！关于草娃娃的课程目前还未结束，孩子们对植物的探索仍在继续。

穿衣那些事儿

《指南》要求"指导孩子学习和掌握生活自理的基本方法"。我们根据小班幼儿的年龄特点，开展了丰富多彩的活动，旨在帮助幼儿养成独立自主的良好生活习惯，初步培养幼儿的自我服务意识。

【课程缘起】

在我们的日常生活中老师们总能听到孩子们说："老师，我不会穿衣服。""老师，这怎么穿？""老师，你帮我穿吧！"……每天午睡起床后老师们都非常地忙碌。午睡起床后，孩子们开始将自己的衣服穿上，老师发现几个孩子坐在床上抱着衣服一动不动，于是老师走到他们的身边询问："怎么了？需要帮忙吗？""老师，我不会穿衣服。""老师，我的衣服袖子找不到。"根据孩子们目前存在的问题和需要，结合小班孩子的年龄特点，我围绕幼儿自主穿衣展开了一系列活动，于是穿衣之旅开始了。

教师的思考：

孩子想要成为生活的主人，必须具有基本的生活自理能力，学会服务自己。对于小班的孩子们来说，学会穿衣服是照顾自己的第一步。幼儿从家庭进入幼儿园，置身到一个新的天地，扩大了生活圈，孩子们喜欢在幼儿园玩耍、生活，但穿衣整理衣物等自理上的问题，使孩子们在幼儿园的生活出现困难。

【课程实施】

一、穿衣大调查

1. 我们的调查。

为了更好地了解小朋友们的穿衣情况，我们调查了有哪些小朋友可以自己穿衣服，哪些小朋友需要帮助，哪些小朋友完全不会。

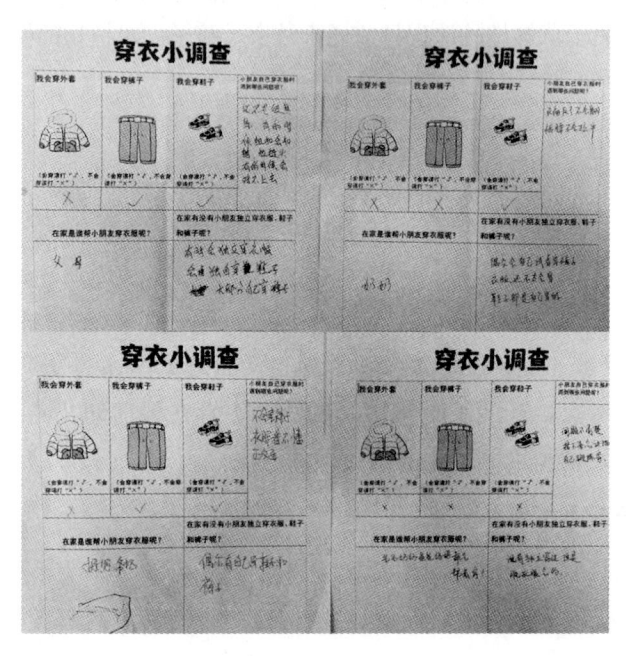

我们通过与孩子们谈话、询问和午休穿脱衣服情况观察发现，班级里很多小朋友穿衣服都需要帮助。老师还和孩子们的家长进行了交流，了解到幼儿穿衣的实际情况，并整理出以下问题清单：

(1) 不认识衣服的上下、正反面。
(2) 家长包办代替。
(3) 不愿意动手，没有动手习惯。
(4) 穿衣服的速度慢。

教师的思考：

通过多方面的调查，我们充分了解了幼儿的实际情况，结合幼儿的年龄特点和能力水平，制定符合幼儿的计划。

2. 初次挑战。

乱扔衣服 　　　　不会扣扣子 　　　　不会分前后

3. 问题初呈现。

黄洛歆："我不会分衣服的前后、正反。"
陈心玥："我找不到衣服的洞洞在哪里。"
苏羽晴："扣子太多了，我不会扣扣子。"
黄子诚："在家里都是奶奶帮我穿衣服。"
陈一榕："爸爸说我还小，不让我自己穿，说我穿不好。"
林睿哲："妈妈说我穿衣服太慢了，像小蜗牛，所以每次都帮我穿了！"

二、穿衣大行动

1. 认识衣服。

学习穿衣服之前，首先我们要了解一下衣服的结构，一起看看藏在衣服里面的小秘密。

(1) 衣服上面有什么?

纽扣　　　　　　　　图案　　　　　　　　袖子

(2) 衣服里面有什么?

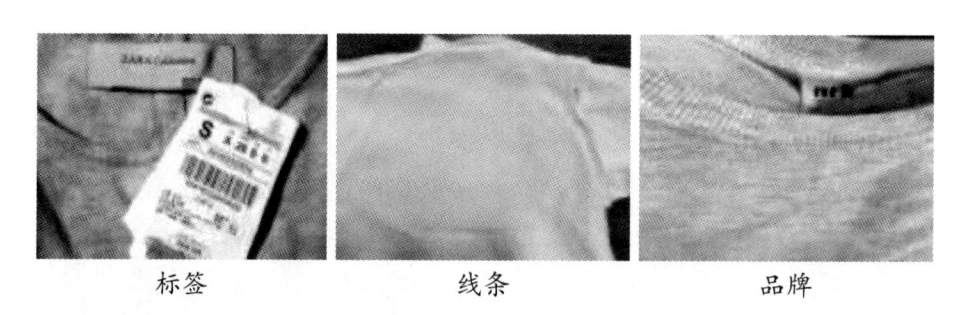

标签　　　　　　　　线条　　　　　　　　品牌

(3) 衣服分前后。

衣服的正面是有图案的,衣服的里面是有标签的;如果正面没有图案,反面也没有标签怎么办呢?

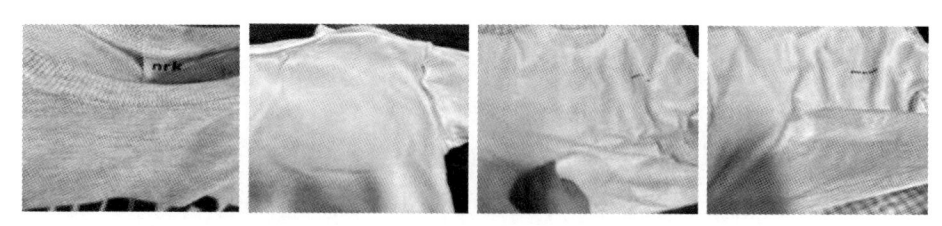

我发现衣服里面是有线头的,有线头的是里面!瞧,我们还发现了一个秘密,把衣服的下面对齐。

小结:把衣服的下面对齐,衣服上面就有一个"小月亮",那里就是前面。

（4）衣服的种类。

短袖　　　　　　　　　　长袖　　　　　　　　　　外套

2. 学穿衣。

（1）绘本看一看。

绘本《我会自己穿衣服》　　　　　绘本《我自己来》

（2）儿歌学一学。

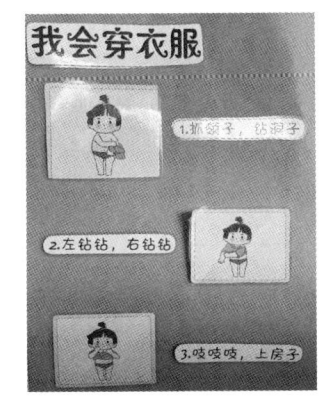

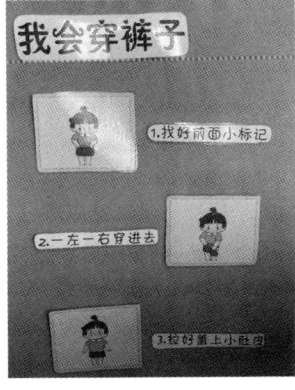

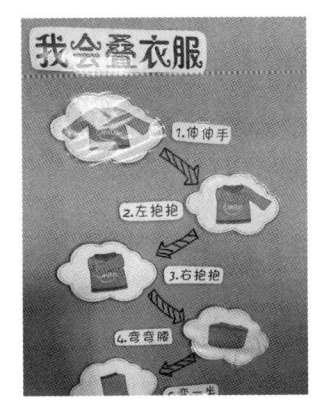

（3）区角玩一玩。

（4）我来试一试。

教师的思考：

《指南》中指出："教师应鼓励幼儿做力所能及的事情，对幼儿的尝试与努力给予肯定，不因做不好或做得慢而包办代替。"通过谈话，我了解到孩子们对衣服的构造及穿衣方法有基本的认知，愿意自己尝试穿衣服。虽然穿衣服对孩子们来说有一些小小的困难，但是我仍旧给了他们尝试的机会。

3. 我会叠衣服。

经过一段时间的学习与练习，孩子们的自理能力得到了很大的提升，更加乐于动手，也愿意参与其中。从一开始的"老师，我不会……"到现在的"老师，你看，我会穿"，能干的孩子们不仅学会了穿衣服，还学会了叠衣服。

4. 家园合作。

孩子们在幼儿园里已经逐渐养成了自主穿衣的习惯，那在家里又是什么状态呢？让我们一起看看他们在家的表现吧！

教师的思考：

幼儿生活自理能力的培养并不是一朝一夕就能完成的，而是一个漫长的过程。希望家园合作创造锻炼的机会与条件，使孩子们循序渐进地学习与提高自我服务能力。

【课程感悟】

陈鹤琴先生说过这样一句话："凡是孩子自己能做的事，让他自己去做。"这与我们的观点是一样的。

小小衣服，大学问，整个学习活动都是来自幼儿的生活，过程中以幼儿为主体，最大化地发挥主观能动性，幼儿在过程中有学习、练习的环节，也有分享、交流的内容，他们在原有的经验上都得到了发展，越来越多的孩子愿意尝试自主穿衣，学会整理。生活自理能力走向独立性发展的第一步，从小班一直延续到大班。《幼儿园入学准备教育指导要点》强调："较强的生长自理能力有助于幼儿入学后学习与生活的自我管理和服务，增强独立性和自信心。"生活能够自理是幼小衔接工作中生活准备的重要部分。

我们搬家啦

【课程缘起】

"我们要搬家啦!"幼儿园新园建设施工历经一年的时间,幼儿对幼儿园的新家充满了好奇与期待,经常会追着老师问:"幼儿园要盖什么样的房子?""一共有几层?是给我们住的吗?"还有路过新园,瞥见新园容貌的小朋友会在班级"炫耀":"我看见我们的新园了,很大很漂亮!"……眼看着新楼房竣工,孩子们又关心什么时候才能去新幼儿园,每天都会问:"我们什么时候才能去新园呀?"

终于盼到了搬新园的日子,孩子们迫不及待地想知道新教室里面长什么样子?我们班级到底会在哪个教室?教室里都有什么?去新教室需要带什么?搬到新教室我要睡在哪张小床上?……尤其对于新学期升入中班的孩子们来说,他们非常开心,搬新园的日子随着孩子们的讨论越来越近了。

教育内容源自儿童生活本身,教师要善于捕捉儿童感兴趣的话题,发现和支持儿童有意义地学习,用多种形式鼓励幼儿讨论感兴趣的话题,鼓励幼儿表达自己的观点,提出问题,分析解决问题,就是儿童学习与发展本身。正如即将面对的"搬新园",是一日生活中自然而然的教育契机,能激发幼儿参与、体验、探究、试错。

【课程实施】

一、关于搬家这件事,我们想知道

1. 什么是搬家?

幼$_1$:"我知道,就是从原来的家搬去新的家里。"

幼$_2$:"就是要把很多东西都搬到另一个家。"

2. 为什么要搬家?

幼₁："因为这个园太小了，我们长大了。"
幼₂："小班的弟弟妹妹要来了，人太多，住不下了。"
幼₃："这个幼儿园要拆掉了。"
幼₄："我们长大了，所以我们要去更大的幼儿园。"
幼₅："这个幼儿园太旧了，所以要建新的。"
幼₆："因为新的幼儿园有更大的教室和床铺。"

幼儿根据自己生活中对搬家的了解，通过经验的迁移，对搬家的原因进行了简单的猜测与交流。

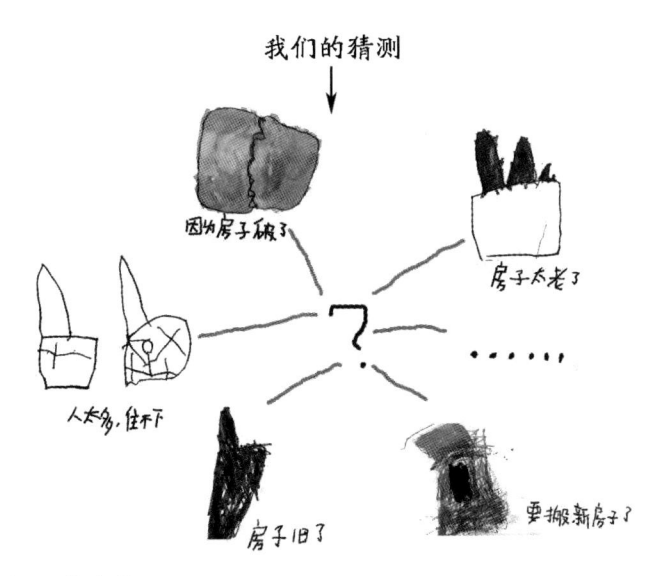

3. 我想要带走的。

幼₁："我最喜欢语言区的草莓抱枕，可以带走吗？"
幼₂："我喜欢画画，我要把我的彩色笔带走。"
幼₃："我们的作品和床铺我也想带走。"
幼₄："那些图书是我们从家里带来的，也要带走。"
幼₅："能不能把娃娃家都带走？"
幼₆："幼儿园的滑滑梯会和我们一起去吗？我好喜欢这个滑滑梯。"
幼₇："装娃娃的竹篮也得一起带走，不然娃娃没得装。"

说到搬东西，似乎打开了孩子们的话匣子，于是我们决定展开更细腻的调查。

4. 搬新园大调查。

教师的思考：

从问卷调查中可以看到，幼儿想要带走的东西有很多，教室里的玩具、作品、植物角的小金鱼、幼儿园的大乌龟、大滑梯、娃娃家……面对即将要离开生活了一年的幼儿园，这里的每一个角落、每一件东西对幼儿而言，都充满了回忆与意义。

二、关于搬家这件事，我们能做的

1. 想搬的东西这么多，用什么搬？

临近搬家的最后一周，到了该考虑搬东西的时候了。于是，班级里展开了搬家分组的讨论，孩子们自主选择区域把各种想带走的玩具和材料统统搬到教室的空地上……

听到的只言片语：

幼$_1$："这么多东西，要怎么带过去呀？"

幼$_2$："我们用大箱子把它们装起来。"

幼$_3$："可是这样会都乱了呀。"

幼$_4$："那我们就一种装一袋呀。"

幼$_5$："可是我们要用什么装呢？"

幼$_6$："我家里有旅行箱，可以用旅行箱装。"

幼$_7$："我家里有装被子的大袋子。"

幼$_8$："我有很大的快递盒。"

幼$_9$："还有奶奶买菜的篮子也可以装。"

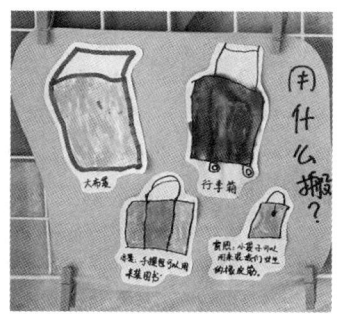

大家众说纷纭，陷入了激烈的讨论中。

最后决定从各自家中搜罗收纳工具，第二天就陆陆续续地带来各种收纳工具。

2. 整理收纳工具。

面对杂乱成堆的"工具"们，小朋友该如何处置呢？

"我来给它们排排队。"

"我也来帮忙！"

舒瑾和奕心两个小朋友跃跃欲试，行动了起来……

可以看出，这两个小朋友是按照从大到小的顺序排列的。

还没排完，座位上的小朋友就按捺不住了，都抢着想来参与，在底下嚷嚷："我们还有更好的办法……""让我来试试吧！"

摆弄了一会，整理好了，"像这样，大的归大的，小的归小的，袋子分袋子，箱子分箱子"。原来，这些小家伙是把收纳工具进行分类。

在这么一小会儿时间里，面对整理的问题他们不断地调整、尝试，孩子们初步学习了整理的方法，为了可以更清楚地统计以便使用，最后排得整整齐齐，特别有成就感。

3. 开始整理、打包。

点心后，孩子开始自由分组打包想带走的物品，自主选择区域打包各种玩具和材料，想办法把物品分类有序地收纳好。有的整理作品，将作品小心翼翼地叠放在一起后装进袋子里；有的将图书都收纳到行李箱中，还不忘压一压；有的将彩色笔几盒几盒地抱在怀里搬到纸箱中整理摆放好；有的将用过的蜡笔拿出来整理，把断的、坏的都拣出来，还贴心地说："这些是我们用过的，都带走吧，把新的留给弟弟妹妹们"；还有的将娃娃都装进大麻袋里……

小朋友的一言一行都是那么的小心翼翼，就算满地物品，搬来抱去也不会踩到心爱的物品。

4. 小朋友能搬的。

收拾整理好啦！可是这么多大件小件的箱箱包包，我们该怎么搬到新园呢？

乐乐："我可以提，我力气很大的，可是那么大那么重的袋子，走在路上很危险。"

乐乐的这个问题让小朋友们开始了新的思考。

幼$_1$："我可以请我爸爸来帮忙。"

幼$_2$："我也可以请我妈妈来帮忙。"

幼$_3$："我们可以用车子运过去呀。"

幼$_4$："可以用三轮车装过去。"……

就这样，话匣子又被打开了，孩子们都为搬家这件事使出自己的浑身解数，主动提出要请自己的爸爸妈妈来帮忙，默契地求助大人。

三、成立搬家小分队

1. 选拔小分队成员。

小朋友个头和力气都还小，请家长帮忙确实是一个好办法。于是我们决定组成一个"搬家小分队"。说要组成搬家小分队，小朋友特别积极地举手，都想为搬家出一份力。根据小朋友的自荐，以及对其家长工作忙碌程度的了解后，我们现场共同商量出一支"搬家小分队"。

2. 线上研讨：怎么搬。

为了方便家庭之间的交流讨论，我们建立了微信群，为孩子建立了沟通交流的小平台。

那么具体要怎么帮呢？孩子们也在群里畅所欲言。

大家集思广益，给爸爸妈妈提出几点分工合作的小建议：

"小的比较轻的由小朋友自己带过去。"

"爸爸力气比较大，搬重的，妈妈力气小，搬轻一点的，奶奶年纪大，搬最轻的。"……

同时，文灏妈妈也主动提出可以提供小货车供我们运输。

3. 小朋友可以先搬小玩具过去。

第二天，小分队成员就带着他们的好办法回到班级与全班幼儿分享交流，共同梳理爸爸妈妈来搬家前，小朋友可以做的准备工作。

正好得知明天要去新园参观的消息，小朋友又议论了起来：

幼$_1$："我们小朋友可以明天就带一些东西过去。"

幼$_2$："娃娃很轻，我们可以先带一点过去装饰我们的教室。"

幼$_3$："我想带一些图书，明天到了新园可以看一看。"

幼$_4$："建构玩具可以端过去玩吗？"

幼$_5$："玩具一篮一篮小小的，我们一人带一篮，可以搬得动。"……

考虑到班级的篮筐要留给弟弟妹妹，也为了方便携带，小朋友们一起把篮子里的玩具一篮一篮倒进塑料袋里，会给袋子打结的小朋友成为了大家羡慕的对象。

4. 带着玩具参观新园。

幼儿们提着大包小包到了新家，经过了一番参观讨论之后，共同确定了区域的划分。

他们迫不及待地解开塑料袋将带来的材料放到各个区的篮筐里，忙得不亦乐乎。

5. 请爸爸妈妈来帮忙。

回去面对一件件大件物品，孩子们一起确定了请爸爸妈妈来帮忙的时间，并通过微信群发出邀请，有空的家长都热心参加了搬家行动。

文灏爸爸和瞳轩爸爸特地挑了重的

奶奶、妈妈们也都安排上了

小朋友也挑搬得动的

小朋友也不闲着，帮忙拖着小小的行李箱，努力地做着自己力所能及的事，一个个脸上都露出骄傲的神情，仿佛在说："别看我们个子小，本领可真不少。"

【课程感悟】

生活即教育，生活中有着各种各样的教育契机，也赋予孩子们许许多多的学习机会，在搬家这个课程活动中，孩子就是活动的主人。

孩子们有一个明确的目标：把物品运送到新教室。教师发现孩子们的兴趣点之后，把握孩子们的年龄特点和认知水平，顺应他们的兴趣，引领他们一起亲身体验物品统计、分类、整理、打包、分装物品、搬运物品等过程，共同探寻便捷的"搬家攻略"。

整个课程中，孩子们通过观察、比较、操作、制订计划等方法，提升了发现问题、分析问题、解决问题的能力；培养了合作能力，学会了新的生活技能；促进了亲子间的关系，也收获了探究过程中的快乐与满足感。

同时，幼儿对于环境的转变并没有任何的不适，大家脸上都是兴奋和好奇，能很快适应新园所新教室，对未来的生活充满期待。《指南》在社会领域里指出要培养幼儿具有初步的归属感，喜欢自己所在的幼儿园和班级，积极参加集体活动。在新园，每个小朋友们都在集体的欢声笑语中找到了归属感。

我们的主题课程还在如火如荼地进行中。在接下来的日子里孩子们还能用无限的探索热情和创意收获多多。让我们与孩子一起成长，静待花开！

小脚丫去新家

【课程缘起】

我们终于迎来了期盼已久的新园区的落成，我们的宝贝们也即将搬入我们的"新家"——鲤中实验幼儿园新园。随着搬新园脚步的临近，孩子们对新园的期待与日俱增，你们听，他们在讨论什么……

"为什么我们要搬家？"陈舒窈歪着脑袋问道。"我们要搬去哪里呢？"黄羿峥说出他的疑问。朱闰含好奇地问："新园是什么样的？""新家在哪里呀？"吴莫白小声地问道。孩子们纷纷发出对搬家的好奇，热烈地讨论起来。

教师的思考：

孩子们兴奋地谈论起关于搬家到新园的话题，对于他们来说，这是他们幼儿园生活里特别且珍贵的一幕，那为何不抓住这难能可贵的教育契机让幼儿共同参与我们的搬家活动呢？

【课程实施】

一、为什么要搬家

小朋友们听到搬家这个消息异常的兴奋，引发了一场搬家大讨论。

"什么是搬家？"连哲理发出她的疑问。"是要搬去新的幼儿园吗？"陈林瑗说道。"为什么要搬家？"陈舒窈歪着脑袋问道。这些问题的提出马上得到其他小朋友的回应。对于这些问题小朋友们讨论开了。

"应该是这个房子变老了。"纪熠琛认真地说道。茅陈伊说："因为弟弟妹妹要来，我们幼儿园的人太多了，住不下了。""因为我们要搬到新的幼儿园里去了。"林佳怡呆萌呆萌地说道。郑逸涵说："我知道，就是从原来的家搬去新的家里。"搬家有很多的工作要做，但是具体要做些什么呢？孩子们决定回家和爸爸妈妈一起探讨一番。

二、老幼儿园里我们的东西该怎么办

陈林瑗："搬新园就像搬新家一样，要把'家里'有用的东西带到'新家'里去哦！那我们要带些什么东西去新园呢？"

林汐："我们的书本、作品、被子。"

王宸逸："老师也要搬走！"

陈烁："区域牌和核酸牌，还有值日生的牌子。"

茅陈伊："我要带走老师、园长妈妈、医生阿姨，还有我的好朋友！幼儿园的柜子、水杯、玩具都要带走。"

"搬家的话有好多东西我都想带走。益智区的五子棋、彩泥区的作品、医生阿姨等等，我全都要带走。"可是这么多东西我们要怎么打包带走呢？这个问题可难倒了不少小朋友。

张子琦："我们去数一数它们都有多少数量吧，这么多东西得想个办法，把它们记录下来。"

林亦实:"就用记录表好了,你们去数要带走的东西,我们来记录,这样分工合作,一定能很快把需要带走的东西都记录下来!"

亦实的想法得到了很多小朋友的拥护,说干就干!但是用什么东西打包呢?"可以把它们都装到箱子里打包搬走!""可以把物品装到袋子里去,一起搬走。"打包的材料是想出来了,但是困难接踵而来:"可是我们教室没有那么多袋子,这可怎么办呀?"就在大家一筹莫展的时候,小机灵鬼汪子玥提出:"我们可以回家找呀!我可以把我的纸箱提过来!它可能干了,肚子里能装好多东西呢!"

第二天,孩子们纷纷带着纸箱或者袋子来到了教室,没一会儿地面上堆起了许许多多大小不一的纸箱及袋子。"老师这是我带来的袋子。""老师我带了这个纸箱,我自己从一楼把它搬上来的。""老师这个袋子很大,爸爸说可以装下很多东西。""老师,奶奶说这个是布袋子更结实耐用。""老师,我带了这个。"汪子玥推着她的行李箱来到我的面前。"昨天我和妈妈最后决定用行李箱来装,它可以用来推,不用搬来搬去那么累。"

教师的思考:

《指南》中提到关于感知和理解数、量及数量关系,5~6 岁的孩子能用记录表、统计图等表示简单的数量关系。在统计物品时采用小组分工合作的方式，有的小朋友统计数量，有的小朋友对物品和数量进行记录。

我们结合搬家这一课程，通过收拾物品、统计物品数量，加强幼儿对数量关系的理解。将问题抛给孩子，孩子们根据自身的生活经验共同商讨，将班级里面的物品，进行分类统计。通过孩子们的交流，我们了解到他们的想法。下一步将进行实践，我们开展了一次班级物品打包活动，让孩子们通过亲身操作来探究怎样整理打包更合适。

三、我们可以怎样打包

通过统计确定了需要打包带走的东西，接下来就是打包搬运了，孩子们对打包表现得非常热情，跃跃欲试。

只见汪子玥将语言区的娃娃等材料一股脑地倒进袋子里，一旁黄羿峥将书架上的书直接装进袋子里。

林亦实皱着眉头："太乱了。"于是激起千层浪，张宗宸随即附和道："全都倒在一起，都不知道哪些玩具是同一种的了！"连哲理也说道："是呀是呀，书都没有好好整理放整齐。"

这时的汪子玥明显有些不服气："那你说怎么办？！"

李妍："我们要记住同样的玩具它们的位置。"

陈子韩："可是我们要怎么记住呢？"

林汐："我们可以拍照记下来！"

黄翌峥："那这样的话，搬家之后我们还要把东西收拾出来，通过手机才能找到它们的位置，这样太麻烦了，有什么办法让我一拿就知道这是放在哪个区域的玩具？"

"可以把同样的玩具放在一个袋子里。""我们可以给这个区域的打包袋子上都贴一张贴纸。""可以在打包的时候把玩具连同盒子一起打包。"

初次尝试打包，发现问题，所有玩具都混在一起，感觉十分凌乱。孩子们不断地讨论、分析，最终方法是：首先，给不同的区域制作不同标记的贴纸。其次，将玩具连盒带物装进袋子中。再次，给袋子贴上贴纸。最后，将这个区域的小袋子装入大袋子中，再次贴上贴纸。这个方法得到了大多数孩子的肯定，于是孩子们开始行动起来！

孩子们决定用三角形来做语言区的标志，于是语言区的小朋友们开始有条不紊地进行打包。有小朋友专门设计标志制作贴纸，有小朋友连物带盒装入袋子并将袋子打结，然后贴上贴纸，最后将小袋子统一装入大袋子里再贴上一张贴纸。

其他区域的打包也如法炮制，很快我们将教室里需要搬走的东西就打包好了，打包结束后，汪子玥说："地板上有好多我们整理掉落的垃圾，我去拿扫帚把地板扫一下。""我也来帮忙扫地。"说完张子琦也跟着去拿扫帚。

教师的思考：

在整个搬家活动中，分类打包是其中的一小部分。我们着力探寻课程的小小生长点，初步树立孩子们的主人翁意识。针对不同的幼儿、不同的问题，教师灵活采用适宜和有效的指导策略，激发幼儿活动的主动性、积极性、创造性。

对孩子们来说，最好的学习是自然的，而不是被"教导"的，教师给予儿童足够的尊重与信任，相信一定会收获他们给予的惊喜！

四、怎样搬运到新园

"我们打包好的玩具、作品、材料还有被子都还在老幼儿园里,这么多要怎么运?"陈鸣岳看着教室里的物品说道。"我们现在已经把教室内需要带走的东西都打包好了,可是我们的力气太小了,要怎么把它们搬到我们一楼的门厅处呢?"黄翌峥挠挠脑门正发愁。陈舒窈在一旁接腔:"可以请爸爸妈妈来帮忙。我爸爸的力气很大,都可以把我举过头顶呢!"

黄以沐拍手叫好:"好主意!我们可以请我们的超人爸爸或者超人妈妈来帮忙。我妈妈有车,也可以给我们送到新园去!"

林亦实:"我们还可以用电梯把我们的行李运到楼下去。"

郑逸涵:"不行不行!我们的电梯是用来运送餐点的,我们的东西没有消毒,这样病毒会被我们吃到肚子里的,我们就会闹肚子。"

纪熠琛:"还可以用接力的方法把它搬下去。"

杨君正:"但是这样我们会很累,而且东西太多、太大,我们没办法搬。"

陈老师提示孩子:"可以想想之前我们科学活动的时候学习了怎样运输物体。"

林亦实:"还有我们之前在创客空间的时候玩的滑轮,用滑轮把东西运下去。"

张宗宸:"好主意!我们可以用木板搭在楼梯上滑下去,像滑滑梯一样。"

陈老师:"嗯!我们可以制造斜坡来借力运输物品,还可以用滑轮。"

第二天我们邀请到了一位"超人爸爸"来帮助我们一起把东西运到楼下,尝试用我们昨天讨论的斜坡借力和滑轮运输的方式运送行李。

搬运组的五位小小搬运工一起去仓库逛了一圈,很快便有了新的发现。

小朋友们睡觉的床板可以用来当斜坡,虽然在逛仓库的途中还发现了其他的材料可以充当斜坡,但孩子们在协商后还是决定使用床板来当斜坡,原因是床板更大、更长、更结实。

孩子们把床板铺在楼梯上,顺利制造出斜坡。五名孩子经过协商明确自己的岗位,林戴冕、朱陈楷、林亦实在楼梯上扶住床板,张宗宸、王云皓将打包好的物品搬到楼梯口进行运输,超人爸爸在楼梯下接住物品。

借用了斜坡的力量，我们顺顺利利地将大部分物品运输至一楼，但是有个袋子在二楼运输时破了，里面的物品散落了一地。林亦实有点沮丧："这个袋子里的东西都散出来了！"

王云皓便安慰他："没关系！我们可以把掉到地上的材料装到陈梓欣带过来的那个大兜里，然后用滑轮送下去。""那我们去二楼的玻璃栈道试一试滑轮！"林亦实瞬间有了斗志，说干就干！

孩子们将散落的物品搬到玻璃栈道，并做好分工，张宗宸、王云皓和陈老师在楼上将物品放下去，林戴冕、林亦实、朱陈楷和超人爸爸在一楼操场上接物品并放到门厅处。

教师的思考：

《指南》在科学领域中提到，5~6岁幼儿能经常动手动脑寻找问题的答案；探索中有所发现时感到兴奋和满足；探究中能与他人合作与交流。孩子们根据常见事物的特点、用途，寻找多种搬家方法，我引导幼儿可以利用斜坡借力以及滑轮运输的方法将物品从三楼运输到一楼。

在搬运过程中充分利用自然和实际生活机会，引导幼儿通过观察、比较、操作、实验等方法，学习发现问题、分析问题和解决问题；帮助幼儿不断积累经验，并运用于新的学习活动，形成受益终身的学习态度和能力。

【课程感悟】

新园搬迁进入倒计时阶段，孩子们对于搬迁新园产生了浓厚的兴趣，内心充满了期待，孩子们总会问：新园是什么样的？什么时候我们要到新园生活？我们老园的玩具带不带走怎么办？……我们在一日生活谈话中关注到了幼儿的兴趣点，从"什么是搬家""为什么搬家""老园的东西我们该怎么搬"

"我们可以怎样打包""怎样搬运到新园"各种真问题的推进中开展活动，幼儿通过"做中学""生活中学"，获取搬迁的相关知识经验。

写到最后，愈发觉得这不仅仅是一篇课程故事，更像是一次写给幼儿的一篇具有纪念意义的回忆录、日记，记录了幼儿搬新园的一系列准备（心理建设、打包整理），极少是老师设计的，更多的是老师在辅助幼儿，在幼儿园搬家这件事上，踏踏实实参与进来。

在这个"新家"里，孩子们踏上了新的征程，在这成长的历程中，既孕育着许多兴奋和喜悦，也潜藏着许多教育的契机和内容。幼儿们在一系列自然生成的活动中更好地适应新的环境，感受新园搬迁带来的情感体验和自我管理能力的成长变化，体验到当家作主的成就感和归属感，更好地满足自信与成长的需要。

废物换新颜，新衣我来秀（旧物改造场馆）

【课程缘起】

暑期的日本核污水排放事件，在一段时间里是孩子们讨论最多的话题，由此引发了班本课程见"圾"行事。大一班的孩子们在班本课程的开展过程中，收集了许多不同的废旧物，堆放在班级中影响了班级环境的整洁。如何使用这些废旧物能让班级看起来不乱？孩子们进行了分类，但对收集到的各种漂亮的袋子和盒子不舍得处理，在讨论中萌发了旧物换新装的想法，于是就有了这次废旧物制作游戏中使用的环保时装的旧物改造场馆课程。

教师的思考：

大班幼儿能够关注周围生活中的典型事件，并在环境的冲突中寻找解决的方法，寻求大人的支持，教师需要做的就是追随着孩子的兴趣，提供孩子所需的经验、材料，支持幼儿用废物创造生活中的美。

【课程实施】

设计好衣服，准备好材料，就要开始制作了，制作衣服可真是个大难题，于是孩子们自主选择好朋友进行小组合作共同完成制作，在小组中选出大家共同想做的衣服。孩子们在没用的环保袋和纸袋上将袖子剪出来，再剪一些好看的花纹；垃圾袋上贴个双面胶和泡泡纸将其粘在一起，就是一条漂亮的裙子了……

在制作的过程中，孩子们还是遇到了各种问题：他们发现报纸做的衣服很容易就碎掉了且不方便穿脱，于是便利用泡泡纸进行组合；也有孩子发现照着"模特"制作的衣服不容易脱下来；还有的孩子想要制作编织来完成自己组服装的背带，可是却有一定的难度，于是主动寻求了老师的帮助……

教师的思考：

在这次初体验中，我们充分尊重幼儿的自主选择，幼儿自由组合进行尝试。孩子们把制作衣服想得比较简单，虽然有一些使用工具的经验，但是仍然不能满足做好一件衣服的需求，想象的设计也不能呈现出来。当孩子们提出需要帮助时，我们便给予及时的帮助。

一、走进裁缝铺

顺应孩子们对了解制作衣服的顺序的需求，我们带着孩子们走进了不常见的裁缝铺。

在参观的过程中，孩子们发现裁缝铺里有很多东西和他们想象的不一样，也有许多东西他们没有见过，他们用画笔记录着自己的发现，也时不时地向裁缝师傅询问自己的问题。

孩子的发现与疑问

王昱奕："我看见裁缝师傅做衣服的时候一直拿这个量来量去，这是什么呢？上面还有数字。"

欧洪滔："我也发现这个长长的线，裁缝师傅说这叫尺子，上面的数字是为了量客人的身体尺寸，但其实尺寸是什么，我也不知道。"

李鑫昊："还有好多的专业工具，缝纫机、量尺、顶针等，可是我们都不会用，怎么办呢？"

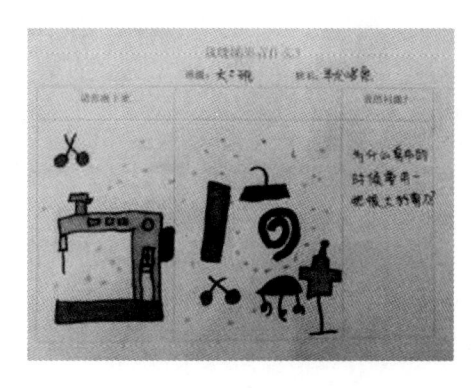

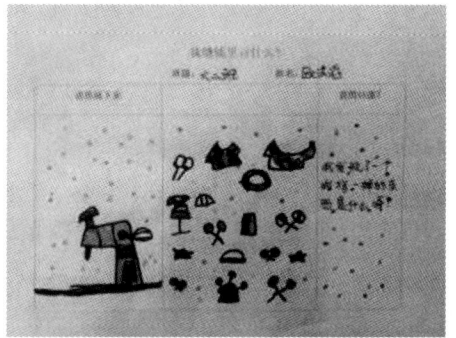

二、制衣进行时

1. 测量篇。

在做衣服前要先测量尺寸，那要测量身体的哪些部位呢？

刘语熙："要量脖子，高领的衣服要知道脖子有多粗。"

王荣耀："要量一量我的腰有多粗，还要量一量手臂有多长。"

邹何佳怡："做裤子还要量腿的长度啊，不然做得太短或者太长就穿不了了。"大家选用了自己喜欢的工具开始进行测量。

在操作过程中，幼儿学习用首尾相接不间断、不重叠的方式测量长度，并做好记录。但是很快他们就发现了问题，为什么测量的物体一样，但是测量的结果却不一样呢，这是怎么回事？

秦翊嘉："测量的时候，尺子是弯弯的，没有拉直。"

欧洪滔："在测量的时候，小模特一直动来动去没有站直。"

教师的思考：

尝试测量后，孩子们逐渐积累了一些测量相关经验，同时也发现了一些问题，如：测量工具的长短不一样、尺子没拉直、测量物体不平整等。这些问题都会导致测量出来的结果有误差。孩子们通过同伴合作、相互讨论，找到了解决的办法。同时教师应该针对孩子们出现的共性问题，给予经验梳理，通过集中教育活动，支持幼儿经验的提升，解决简单实际度量的问题。

2. 制衣篇。

在测量好尺寸后，孩子们再次开始制作新衣。

在制作过程中，还是出现了各种的问题。

刘博阳："老师，你看我的盔甲颜色有点暗，我可以怎么让它更帅气？"

艺蓝："我想给裙子配个蝴蝶头箍。"

怡月："我的手环固定不了。"

虽然制作过程人仰马翻，但是孩子们懂得寻求老师的帮助，并且给予同伴帮助，最终孩子们成功地完成了人生第一次时装制作，并在后续的走秀上，完美展示了自己的劳动成果。

【课程感悟】

《指南》中明确指出："要选择贴近幼儿生活，让幼儿感兴趣的事物和问题，拓展幼儿的经验和视野。"基于孩子原有的能力水平，通过有目的地欣赏、感受衣服的设计特点，并迁移经验设计衣服。在孩子的提问和讨论中，不断寻找课程资源。在我们和孩子们一起讨论、商量计划的过程中，教师抓住孩子们的兴趣点，鼓励幼儿在宽松自由、积极向上的氛围中大胆发挥想象，设计出漂亮的衣服。孩子们开动脑筋，将智慧化为劳动，让教育回归真实生活，活动给予了孩子们思考、创造、操作的良好契机。通过此次活动，教师和幼儿更加坚信："劳动创造美好生活！"

美丽的花格窗（旧物改造场馆）

【课程缘起】

大三班几个小朋友向我递交场馆预约申请书，并讲述预约原因："颜老师，您好！我们班小朋友最近在探究仙游古厝，发现了一些花格窗有许多好看的花纹、形状，我们很喜欢花格窗，想预约旧物改造场馆，制作花格窗。"

于是，我向幼儿及班级老师了解近期班级开展的有关活动，了解幼儿的前期经验。在大三班近期开展的"奇妙仙游"的班本课程活动中，孩子们与家长一起探访古厝，幼儿初步感知了古建筑花格窗的形状美、花纹美，了解花格窗与人们生活的密切关系。孩子们提出要进行花格窗创作，经过讨论，孩子们认为旧物改造部落里有很多废旧材料适合制作花格窗。

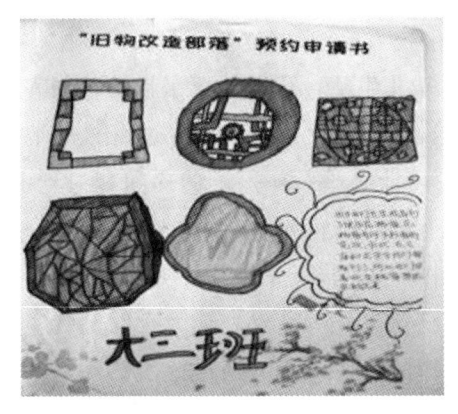

教师的思考：

花格窗是中国古代建筑中窗的一种装饰和美化的形式，存在于孩子们的生活周围，却与他们的生活环境有点距离，幼儿对花格窗充满了兴趣，于是我们决定追随着孩子的兴趣，引导幼儿通过对花格窗的了解和制作，发现中式建筑中中国元素的美。

【课程实施】

一、初遇花格窗

在参观文庙过程中，孩子们发现文庙的窗户形状、花纹各不相同，大家纷纷驻足欣赏。

艺雅："我看到了不同形状的窗户，有圆形、正方形、菱形……"

可心："窗户上面的花纹很特别，有的花纹是重复出现的。"

林一珉："这种花格窗里面的花纹有点像花朵。"

陈奕扬："这种花格窗的花纹就像四叶草一样，有四片叶子。"

教师的思考：

在亲子探访古厝、师幼参观文庙的过程中，孩子们发现了花格窗有不同的形状和花纹，为了让孩子们更有课程话语权，我们给予孩子们充分的课程预热时间，顺着孩子的兴趣，我们鼓励引导孩子继续探索花格窗的形状美、花纹美、寓意美，获得更多关于花格窗的经验。

二、探秘花格窗

花格窗到底美在哪里呢？花格窗的纹样都有些什么呢？

孩子们利用周末的时间和爸爸妈妈继续寻找花格窗，经过调查他们发现花格窗形状、材料、颜色、花纹都是不一样的。他们还在网络上搜索关于花格窗的资料，发现在其他的古镇上、园林里还有更多不同的花格窗，他们将这些花格窗的照片收集起来制作成图册，放在了美工区里。

区域活动时，孩子们翻看花格窗图册，自由交流着各自的发现。

奕心："我们平时看到的窗一般都是正方形和长方形的，花格窗有不一样的形状，有圆形、扇形、多边形，还有花朵形的。"

海霞："花格窗的图案有的是直线，有的是弧线组成的。"

文轩："很多花格窗图案都是有规律的。"

梦辰："花格窗图案有的是重复的，有的是对称的。"

承昊："我看到有的花格窗中间雕刻着美丽的图案，比如有鱼、福字、花瓶、龙凤等。"

筱莉："现在的窗户都是用玻璃做的，花格窗大多数是用木头做的，也有用砖头、石头做的。"

场馆颜老师带领孩子观察幼儿园里的不同花格窗。

郑漪诺："颜老师，这个花格窗是梅花窗吗？"

颜老师:"你知道梅花窗?那你来说说。"

着急的云浩马上说道:"我知道,梅花窗的意思就是要坚强。"

郑漪诺:"李云浩你说得不完整,梅花窗的意思是希望我们遇到困难要坚持不懈、不能轻易放弃。"

颜老师:"说得太好了,那你们还知道哪些花格窗呢?"

王梦辰:"我们还知道跟文庙一样的那个花格窗,就在保健室门口。"

姚承昊:"这个是四叶草的花格窗。因为它有四片叶子,就像我们种的四叶草一样。"

对植物有研究的朱梓诺说:"四叶草代表幸运。这个花格窗就是表示幸运的意思。"

教师的思考:

在探秘花格窗的这个阶段,孩子们通过亲子调查、实地参访、图片视频观察、集体讨论等方式进一步发现了花格窗的形状美、花纹美、寓意美。教师利用图片、家长资源和其他多种方式引导幼儿积极参加小组讨论、交流分享探索的过程和结果。

三、创美花格窗

在简单了解和欣赏过花格窗后,孩子们想要自己制作一扇喜欢的花格窗。

1. 第一次制作:用什么制作花格窗?

孩子们第一个想到的就是木头和玻璃。考虑到可操作性,大家开始寻找替代品,很快有孩子提出用透明的塑料片和纸板。

幼$_1$:"可以用纸板剪出花格窗的形状,贴在塑料片上。"

幼$_2$:"塑料片和玻璃一样是透明的,可以做出镂空的效果。"

幼$_3$:"花格窗上的花纹怎么做呢?"

幼₄："我想用黏土做鱼鳞的花纹。"
幼₅："我想用黏土做铜钱的花纹。"
幼₆："我想用纸条做冰裂纹花格窗。"
幼₇："也可以用木条做。"……孩子们热烈讨论后，就开始设计自己喜欢的花格窗。孩子们的设计图如下：

大部分孩子选择了纸条和容易塑形的黏土作为主要材料，创作喜欢的花格窗。

孩子们的作品：

第一次制作后，在展示交流中，有的孩子提出了问题：

"我在剪四叶草图案的时候一片片剪贴，花了很多时间，还好有好朋友帮忙，怎样能快速剪出一样的图案？"

"我用黏土做铜钱花格窗，也是让好朋友帮忙才完成的。我也想知道怎样快速做出重复的图案。"

"怎样做出有规律的图案呢？"我把问题又抛回给孩子，让他们回家自己寻找办法，下次活动再来交流。

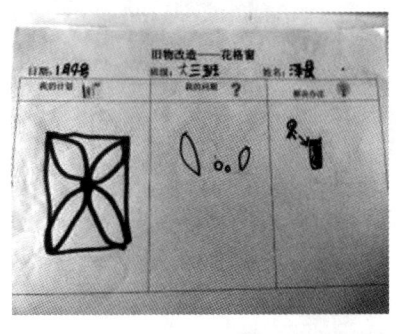

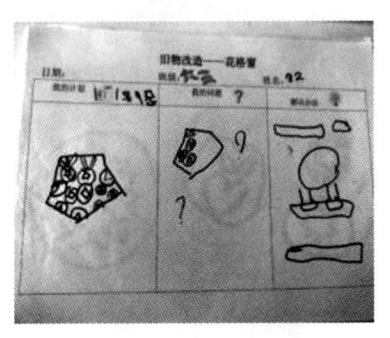

2. 第二次制作：怎样做出有规律的图案？

师："上次小朋友提出怎样快速做出对称、有规律的图案，你们有什么好办法？"

幼$_1$："要折一折、再剪一剪。"

幼$_2$："先折一个三角形，再折一个更小的三角形，然后画上喜欢的图案，最后剪下来。"

孩子们提到了可以用剪窗花的方法来制作花格窗，于是在窗花步骤图的帮助下，孩子们动手剪起了窗花。

问题一：为什么我的窗花会剪断？

"我的窗花怎么变成两半了？""我也是，是哪里出错了？"

师："你们先看看小伙伴是怎么剪的？然后再试一试。"

经过多次尝试，孩子们发现剪纸可不是随便剪剪就能成功的，他们发现：折出来的纸张主要分为中心点和边缘线两部分，沿着"中心点"两边剪出来的花纹是非常美丽且不易断裂的。

问题二：为什么我的窗花没有镂空图案？

幼$_1$："我剪出的窗花是一条条线，没有洞洞。怎么才能剪出有洞洞的图案呢？"

师："你再观察一下步骤图，也可以看看其他小朋友是怎么剪的。"

经过观察步骤图和小伙伴的剪纸方法，经历失败的孩子不断尝试，他们又有了新的发现：

幼$_2$："原来不能画一条线，要画有洞洞的图案。"

幼$_3$："边缘如果剪成弧线就可以出现漂亮的圆形窗花，剪成直线就会出现正方形窗花。"

孩子们的作品：

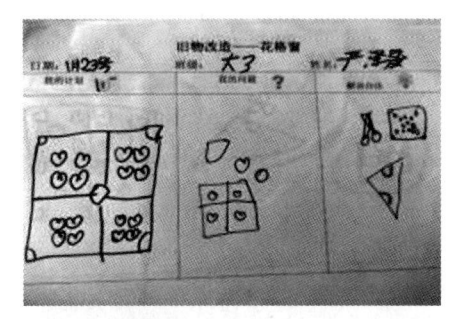

教师的思考：

每个孩子的动手能力不一样，所以在尝试剪窗花的过程中会遇到不一样的问题，为了满足孩子们的需求，我们提供了剪纸步骤图，引导幼儿观察步骤图及同伴的剪纸方法，不断尝试。孩子们在尝试错误与获得成功之中，逐步认识到剪纸的粗浅原理，如对折后可以剪出对称图案，连续折剪法中边线要有连接的地方，四折法便于剪出方形花纹，六折法容易剪出团花图案等等。孩子们对剪纸越来越感兴趣，剪的花样也愈发精致。

3. 第三次制作：怎样做立体花格窗？

用彩纸、黏土制作的平面花格窗完成了，但是大家看了还不满意。他们想要文庙和幼儿园那样的立体花格窗。立体花格窗要怎么制作？需要哪些材料？

孩子们在场馆寻找材料，有的选择了一次性筷子，有的选择了冰棒棍，开始画设计图—测量—裁剪—拼接—定型等一系列操作。有单独制作的，也有两两合作的，他们在制作中遇到了不同的问题。

问题一：怎么粘更牢固？

幼₁："我用这种透明胶水，怎么粘得不牢固？"

幼₂："我也是用这种胶水，要用手多按一会儿。"

孩子们在操作中发现酒精胶干得很慢，且只有在干透之后才有效，否则只要轻轻移动，粘上去的东西就会掉下来，这样一来要粘好一整个花格窗的时间比较长。他们又尝试了热熔胶，发现干得快，又粘得牢固。但是如果不小心弄到手上，会被烫到，所以要戴上手套。

问题二：怎么做成立体的？

幼₃："我用筷子做了一面冰裂纹花格窗立不住。"

幼₄："我用冰棒棍做的花格窗也立不住。"

师："怎样让花格窗立起来呢？我们身边什么东西是立起来的呢？一起来找一找这些能立住的东西都有什么特点。"

孩子们发现这些立起来的物体有的是借助支撑物撑着，有的是物体本身的底部支撑面比较宽。于是，孩子们开始想办法，有的做了三脚架支撑，有的做了两面或三面一样的花格窗，再连接起来，底部支撑面增大了，花格窗就能立住了。

孩子们的作品：

教师的思考：

在将平面的设计逐渐立体化的过程中，孩子们通过实际操作了解到原来设计与制作是有区别的，只有真正制作花格窗的时候才会发现如果窗框与花纹、花纹与花纹之间没有了连接，花格窗就会散架。当孩子发现制作的花格窗不能立起来时，教师并没有过多地干预，而是通过恰当地提问，促使幼儿积极思考、探索、找寻结果，并引导幼儿进行经验总结。小朋友们在制作过程中，也理解到了沟通和合作的重要性。通过制作花格窗，孩子们的专注力以及解决问题的能力都得到了发展。

四、花格窗上墙

经过不懈努力，立体花格窗制作好了，看着这些五颜六色的花格窗，孩子们的满足感油然而生。但是新的问题又随之而来……

花格窗怎么呈现？

通过图片、视频及实地观察，孩子们基本了解了花格窗一般都是建立在一堵一堵的墙上。于是在建构区他们用之前搭建文庙的经验，开始堆墙—测量—花格窗上墙，把制作的花格窗都呈现出来了。孩子们看着自己的劳动成果，非常满意，开心地与作品合影。

【课程感悟】

在这场花格窗的探究之旅中，孩子们掀开了花格窗的神秘面纱，在直接感知、亲身体验和实际操作中，欣赏了花格窗的独特，感受了花格窗的魅力，创造了属于自己的花格窗作品，通过花格窗了解了传统中国建筑的美。活动过程中，孩子们都有充分的自由和充足的机会去开展实际的操作活动，在操作中他们也表现出较强的自主性，能够根据自己的想法主动地去想、去做，在需要帮助的时候也能够提出自己的需求。而老师在活动中则注意让位给孩子，时刻关注孩子的活动进展，只在必要的时候进行适当的介入，为他们提供必要的引导以及经验的总结。

我和运动有个约会（书啦啦小屋）

【课程缘起】

每当孩子们听到体育游戏和户外活动时，总是喜笑颜开。爱玩是幼儿的天性，当幼儿进行有趣的游戏活动时，有期待、有欣喜，更有激动的心情。随着年龄的增长，中班幼儿的运动能力在不断地发展，他们越来越喜欢参加不同的运动活动。

在户外活动分享交流的时候，孩子们都很乐于表达自己的想法：今天玩了什么运动项目？怎么玩的？同时也产生许多想法和疑问。运动还有什么好玩的地方？玩也是运动吗？运动会是什么样子的？运动员为什么能跑那么快？我们每天都要运动吗？……

陈星河提议：“我觉得我们可以请书啦啦帮忙，多提供各种各样的运动绘本，这样我们就可以解开秘密了。”允儿附和道："书啦啦里已经有好多关于运动的书了，我们可以请书啦啦老师和我们一起学习绘本！"孩子们边说边欢呼起来。

孩子们想带着这些问题来书啦啦寻找答案，于是连老师向我预约了为期三周的书啦啦之旅。

教师的思考：

《指南》指出，幼儿阶段是儿童身体发育和机能发展极为迅速的时期，运动也为发展幼儿感知觉、想象力、创造力等方面提供了良好的机会。他们在运动中锻炼了身体，在游戏中收获了快乐，在活动中体验到了成功的喜悦，同时，运动也培养了孩子们团结友爱、合作互助的精神。在快乐中体验，在快乐中学习，在快乐中发展。

相比于小班幼儿来说，中班幼儿的阅读能力有了一定的提高，经过小班一年阅读经验的积累，中班幼儿有专注力的时间增多，阅读的观察能力和理解能力已有了一定的提高，观察的有序性提高了，能意识到单页图画内的联系，但整体上中班幼儿的信息整合能力还比较弱，对读本前后页面内容之间的联系还不能很好把握。

中班幼儿的阅读不再停留在单纯地对于图画信息的指认命名，更重要的是在阅读过程中思维的发展，这一阶段重点是发展幼儿阅读策略学习的应用阶段，幼儿可以通过预测、提问、复述等策略加深对于读本内容的理解，在阅读过程中，在建构自己的知识、经验世界的同时，合理而有据地充分表达自己对于内容的理解。教师应当尊重幼儿的充分表达，每个幼儿对于内容的建构或理解会有不同，这些都是正常现象，要允许幼儿合理自由地表达。

预期目标思考：

1. 了解自己感兴趣的运动，能对印象深刻的内容进行记录、复述、表达。
2. 会带着任务查阅资料、查找自己需要的图画书解决问题。
3. 积极参与讨论，学会与同伴轮流说话，感受与他人交往的重要与快乐。

【课程实施】

一、揭秘运动

冬日的暖阳洒进书啦啦小屋时，中六班的孩子们也如约而至了。

欧君："郑老师我们想看关于运动的书，请问放在哪个书架上？"

师："这个书架都是关于运动的书，有《我爱运动》《揭秘运动》《运动快乐多》《体育全知道》《运动真美妙》等。你们可以选择自己喜欢的书阅读。"

中六班的小朋友开心地围了过来。琳琳选了《运动快乐多》绘本，欧君拿走《我爱运动》绘本，宁宁和航航两人一起选了一本《揭秘运动》绘本。

孩子们选好绘本后，又取了夹子、记录本和彩色笔到各自喜欢的角落去阅读了。

大约过了 10 分钟，南南拿着书走过来和我说："老师，我发现这本书里面有好多运动，这个是摩托艇，还可以在水面开，太有意思了，我想画下来。"我摸了摸他的头："可以呀，柜子里有记录表和彩色笔，记录好了郑老师请你来分享。"

又过了 25 分钟，孩子们基本都阅读完自己喜欢的绘本，也做了阅读记录准备分享了。

允儿："这是我的记录表，我今天看的是关于运动的书，这是足球，足球比赛有两个队，他们穿不一样的衣服，把球踢到对方的球门里就赢了，可以用脚、膝盖、脚后跟、头，但不能用手，只有守门员一人能用手拿球。篮球也是有两个队伍，但是篮筐很高所以篮球运动员都特别高，这样才能把篮球投到篮筐里。还有乒乓球，乒乓球是用一个圆圆的球拍打的，比羽毛球的球拍还要小。不过我最喜欢的还是游泳，放假的时候妈妈带我去游泳池游泳，特别好玩。"

南南："我看的这本书里面有好多运动，有滑雪、跳水、滑冰、跑步比赛、跳高、自行车比赛，还有在水面上开动的摩托艇，太酷了，我最喜欢的是摩托艇，等我长大了我也想开水上摩托艇。"

教师的思考：

孩子们对不同的运动感兴趣，了解运动并爱上运动。通过绘本阅读，孩子们懂得了除了我们生活中的常见的运动锻炼，原来还有这么多好玩的运动项目。从孩子们读图和识字的情况看，他们已有了较好的理解能力。这样的阅读活动孩子们需要再深入，可以延伸到班级的主题活动去，满足孩子们进一步探知的愿望。

二、运动小超人

随着中六班班级主题课程"我和运动有个约会"的推进，孩子们有了新的阅读和查阅需求。今天，孩子们是以小分队的形式来到书啦啦小屋的。

幼$_1$："郑老师，我们做早操的时候要跑操，我想知道怎么样才可以跑得更快。"

幼$_2$："郑老师，我跳绳的时候总是卡绳，怎么都跳不好，有没有关于跳绳的书？"

幼$_3$："我要看拍球的书，我想查查看怎么样拍球才能拍得又快又好。"

师："答案就在这些图画书里面，你们可以自己来寻找，把你们找到的好办法记录下来，记录好了再一起分享。"

孩子们边翻看边交流，童童高兴地说："看，原来跳绳分好几个步骤，要摇绳还要练习跳跃，什么时候跳也很重要。"

20分钟后，琳琳拿着手上的记录表来找我："郑老师，我记了好多拍球的方法，我想和大家分享。"

洋洋："我刚才看的是游泳的书，但是听了童童的分享，我也想看看怎么跳绳，我可以借跳绳的书回家看吗？"

允儿："我还想再看一遍跑步的书，我也想借回家。"

得到我的允许后，他们在借书单上写上了绘本的编号和自己的班级、座号。

教师的思考：

运动充满了乐趣，我们要正确地认识运动，并且培养孩子们对运动的兴趣。很多孩子对运动存在抗拒心理，觉得自己不擅长某一项运动，就会认为自己不适合体育运动。我们要慢慢引导孩子，找到自己擅长的运动方式。孩子们从阅读绘本的能力到查阅能力的迁移，帮助他们解决了在运动的过程中出现的问题。就像绘本中说的那样，跳绳不需要用很大的力气，使劲跳很快就会累，轻快地跳，你也能轻松地跳好。跑得更快也是有方法的，用正确的方法练习就能成为运动小超人。

三、运动快乐多

一个星期后，中六班的孩子们又来到书啦啦小屋。

欧君："郑老师，之前我看了跳绳、游泳的书，我还想看看其他运动的书。"

南南："老师，我现在拍球拍得比以前好多了，我还想再看一遍拍球的书，我还想和小朋友们分享我学到的拍球技巧。"

琳琳："郑老师，我现在跑得可快了，跑步的姿势特别重要，我以前跑得慢都是因为我的姿势是错误的，我想再看看那本跑步的书，你可以帮我找一下吗？"

孩子们一边看书一边记录，25分钟后孩子们记录好了，把记录表贴上去。

分享环节开始了，琳琳迫不及待地举手第一个上来分享："你们知道要怎么跑才能跑得更快吗？这本书已经把答案告诉我们了，起跑的时候要一只脚在前一只脚在后，膝盖要弯曲，手掌要握起来，但是不能握得太紧。跑的时候眼睛要看前面，不能往左边看也不能往右边看，不然歪歪扭扭的就跑不快了。"

琳琳刚说完，允儿就举起小手想要分享："我也学会了怎么游泳，游泳要学很多的动作，先要学会憋气，在水里不能用鼻子呼吸，要把头伸到水面上用嘴巴呼吸，游泳的时候还要戴上泳镜，手臂要像我这样伸直往前游。"

教师的思考：

孩子们从对不同的运动感兴趣，到了解不同的运动项目，再到用绘本中学到的知识解决在运动过程中出现的问题，最后再分享自己收获的喜悦。这样的过程是能力不断变化和提升的过程。

【课程感悟】

本次课程持续时间较长，有效地帮助幼儿获得领域核心价值与经验，具体如下：

1. 促进幼儿语言的发展。

本次活动中，幼儿带着对运动的兴趣自主地学习，通过画画和涂鸦来"记录"读书感悟，有了兴趣的支撑，幼儿就能充分发挥自己的主观能动性，主动自愿地获取语言知识经验，从而提高运用语言学习和交流的兴趣。除此以外，幼儿在活动中并不是单纯地用眼睛来看阅读图画书，而是会调动手、眼、口等多种感官进行阅读活动，他们也许会自言自语，或许会与同伴分享交流，或者向老师提问等等，幼儿在讲述、介绍、提问的过程中表达自己的想法，从而锻炼他们的语言表达能力。

幼儿的身心发展存在个别差异性，他们的发展水平和速度存在差异，学习方式和接受程度各有不同。有的幼儿善于表达不善于倾听，有的幼儿喜欢倾听而羞于表达，有的幼儿需要多次倾听才能理解，有的幼儿需要模仿才能获得表达的经验，有的幼儿需要在互动中积累交流经验。在活动中，我针对幼儿的个体差异进行个性化的帮助和指导，让幼儿根据自己的学习速度和接受程度进行语言学习，满足不同层次幼儿的发展需要。

2. 促进幼儿自主性的发展。

幼儿在活动中拥有自主选择权，他们可以自由选择同伴，自己决定要看什么书，每个幼儿可以遵循自己的阅读节奏和阅读方式进行活动，可以凭借自己的想象进行添加和改编。多数幼儿喜爱书啦啦的原因大致是"有书看""有坐垫""有沙发""自由""舒服"。可见，在这里，幼儿的心是放松的，身心是愉悦的，他们可以按照自己的意愿进行自由活动。

这是一次全身心参与的课程，这是一段快乐的运动旅程，在每一次活动的分享、记录中，孩子们不断地收获、健康、成长，在亲身感受中体验了运动的快乐，增强了自己的体质，也养成了爱运动的好习惯。

藏在地瓜里的霉菌

【课程缘起】

春天来了，班级里开展由孩子们自发生成的主题活动"小地瓜大秘密"，孩子们亲手制作地瓜片、地瓜丝等地瓜制品，了解了地瓜的营养价值。恰逢梅雨季节，有一天小朋友很兴奋地跑来找老师："老师老师，我们的地瓜发霉了！你快来看呐！""地瓜发霉了！颜色都不一样了！""它不好看了，是灰色的了。""还有白色的，你看，毛茸茸的。这个白色的就很漂亮。"周亦欣说完还弯下腰来摸了摸白色霉菌上的绒毛。邵梓萌蹲下来，把鼻子凑过去闻了闻，然后嫌弃地瘪了瘪嘴："有一个不好闻的味道，我一点儿也不喜欢！"说完还用手在脸颊前扇了扇。你一言，我一语，这个摸摸，那个看看，一场由地瓜发霉而产生的霉菌大讨论由此展开了，孩子们乐在其中。

教师的思考：

在科学领域里，有很多原理看似简单，却很难用语言解释清楚，用于解释这些原理的专业术语对孩子来说无异于天方夜谭。春天梅雨不断，细心的小朋友发现植物角的地瓜制品发生了霉变，孩子们对此非常感兴趣，幼儿的科学学习是幼儿在解决实际问题的过程中，发现和理解事物本质和事物间关系的过程。为了保护幼儿的好奇心，充分利用自然和实际生活机会，老师鼓励幼儿向创客空间的老师寻求帮助，查找霉菌生成的原因。

【课程实施】

一、地瓜为什么会发霉

"地瓜为什么会发霉呢？我们前两天来看的时候不是还好好的吗？"何浩宇呆萌呆萌地问道。这一疑惑马上得到了其他小朋友的回应，地瓜为什么会发霉呢？霉菌是怎么长出来的呢？小朋友们就此讨论开了。

王偲琦："是不是被虫子咬了？"

何浩宇："生病了吗？"

周亦欣："霉菌是怎么长出来的？"

听着小朋友谈论不休，班级陈老师接过话题："地瓜发霉是一个神奇的变化，我们可以向创客空间的方老师寻求帮助，说不定，方老师能帮助我们解开这个谜团呢。"陈老师的提议得到了小朋友们的肯定，说干就干，小朋友们选出班级的小画家何浩宇作为代表，画一封入馆申请。

何浩宇："入馆申请画点什么好呢？"

郑奕铭："地瓜发霉了肯定要画地瓜。"

陈思娴："还要画个人吧，得把申请书交给方老师才行啊。"

何浩宇："那我给他加点拼音吧，我不会写字但我会写拼音，就用拼音代表我想说的话吧。"

1. 视频科普。

到了创客空间，方老师跟小朋友进行谈话。

方老师："前几天我收到了我们中一班小朋友的入馆申请，知道了你们想了解为什么地瓜会发霉，那今天我们先来看看地瓜上的霉菌长什么样子。"

讨论："有什么办法看清霉菌的样子？"

朱润芝："用眼睛看，霉菌就好像一层薄薄的棉花。"

陆景文："可以用放大镜看，有点毛茸茸的感觉。"

视频科普：霉菌小知识

"这个细菌好漂亮。""我喜欢那个红色的细菌，它们长得有点像棒棒糖，上面圆圆的，下面还有一个长长的管子连接，它叫什么呀！"看着视频中的霉菌，小朋友们迫不及待地向方老师抛出了自己的疑惑。

方老师："这个是孢子，一个霉菌上面有几百几千亿个孢子，数都数不过来！而且，东西发霉了，就会发出怪味，那是因为东西变质了，变质了的东西，我们就不能吃了，吃了变质的东西，身体会生病的。味道怪，我们更不要用鼻子去闻，免得细菌吸进鼻子，跑进肚子里。"

2. 提出猜想：地瓜发霉可能是因为空气潮湿。

方老师："刚才，我们了解了霉菌的小知识，那地瓜到底为什么会发霉呢？你们有没有注意到前段时间是什么样的天气？"

戴哲昊："一直在下雨，到处都湿答答的。"

邵梓萌："我家里也湿湿的，地板上会流出一些水。"

何浩宇："难道是因为下雨了地瓜就发霉了？"

方老师："下雨天，空气中确实有很多水分，特别是在春天温度不高比较潮湿的天气里，水分更多，那么，这样的天气，地瓜是不是更容易发霉呢？你们可以自己来验证这个猜想。"

教师的思考：

孩子在偶然间发现了植物角的地瓜发霉了，愿意和同伴讨论地瓜发霉的原因并且能够积极向创客空间的老师寻求帮助，解答自己的疑惑。

在这个阶段里，我们的小朋友收获了新的知识经验：东西发霉了，说明这个物体变质了，不能吃也不能用了。霉菌上面可能会有一些不好的，有害的粉末，千万不能用鼻子去闻，如果不小心碰到了，一定要去洗手。孩子的任何一个新奇的小问题都值得我们尊重。根据最近的天气，孩子们找到了地瓜发霉的真正原因：地瓜发霉可能是由天气潮湿引起的，但究竟这个猜想对不对，还需要我们的实验来验证。

二、我们要怎么做这个霉菌的实验？需要哪些工具呢

带着对霉菌实验探索的热情，小朋友们刚吃过点心就着急地催着班级老师："快点快点，老师你快点点名，方老师一定都等着急了！"在小朋友们的催促下我点完了名。"出发"一声令下，全班拔寨起营，目的地创客空间！

1. 寻找替代物：班级的地瓜用完了，可以用什么东西来代替地瓜完成发霉的实验呢？

到了创客空间，小朋友们围绕霉菌实验的条件进行讨论。

朱润芝："可是我们教室已经没有多少地瓜了，我还想着拿它们做淀粉实验呢！"

陈思娴："我觉得我们可以换一种东西来做发霉的实验，换什么好呢？"

陆景文小声地说："要不我们用面包吧！方老师给我们看的视频里的面包就发霉了。"她不太确定这个提议能否得到大家的支持。

吴彦泽响应道："对，反正我们班级的面包点心有时候吃不完，扔掉怪可惜的。"

（其他小朋友表示同意）

郑奕铭："我们还需要盘子来装面包。"

方老师："这是个不错的提议，你们可以用面包来代替地瓜做霉菌的实验。"

2. 遇到难题：怎样做这实验呢？

周亦欣："那怎么才能知道面包发霉是因为潮湿呢？也可能是因为其他原因啊。"

王偲琦："那怎么办呢？我们的小脑袋可想不出来。"

3. 敲定实验方案：设置干、湿对照组，控制变量；确定实验道具。

吴彦泽："我有一个好办法，我们可以再准备一组材料，把它们用来作比较，如果干的不发霉，湿的面包发霉了，那不就知道答案了吗？"

陈智铭："有道理，我们用个盒子把一组的面包关起来，另一组的就不用了。"

周亦欣："用袋子装起来也可以。"

朱润芝："还是用保鲜膜吧！这样比较卫生。"

周予淇："对，这样比较卫生。我们还可以叫李老师（保育员）拿保鲜膜把它包起来，我们上次做月饼还有好多保鲜膜没用完，不要浪费了！"

小朋友七嘴八舌地讨论起来。（组员对此表示同意）

方老师："好主意，为了加快我们的实验计划，我建议可以加一个小喷壶。给其中一个面包喷水。"

王偲琦："加个显微镜好不好？等面包发霉了我就可以用显微镜来观察霉菌了。我太想知道它长什么样子。"

入馆计划陈述（何浩宇）："我们画的是一个盘子，上面放了一块面包，这个蓝蓝的代表霉菌，它发霉了，里面的小圆圈代表'细菌虫'，我还画了一个红色的小喷壶，可以让实验变得快一点。我需要的材料有：两块面包，两个盘子，一个喷壶和一台显微镜，等面包发霉了我就可以用显微镜来观察霉菌了。我太想知道它长什么样子了。"

教师的思考：

验证猜想需要通过实验来完成，老师鼓励幼儿和同伴用图画、箭头等标识共同制定简单的计划和记录，自己探讨所需的实验工具并尝试设计物质霉变的实验，引导幼儿通过直接感知、亲身体验和实际操作来探究面包霉变的过程。在这个阶段里面，孩子们选择了吃剩的早点来代替地瓜做这个实验，最后孩子们经过讨论得出实验所需的工具。孩子们懂得一个问题的解决要通过不断的讨论，遇到问题要积极寻求帮助，最后才能获得结果。孩子对这个实验的进行已经向前迈进了一步。

三、自制霉菌培养皿

来创客空间研究霉菌成了小朋友们一天中最期待的事情了。他们一入园屁股还没坐热就急着问："老师老师！今天可以开始研究霉菌了吗？"一个个小脑袋里透着期待。

1. 实验前先观察面包的特征。

陈老师："根据小朋友上一次讨论：本次实验我们可能需要两块面包，两个盘子，一个喷壶和一台显微镜，我们来对照材料清单，看看你们今天材料备齐了吗？"

陈老师："对了，老师帮你们把小盒子换成了更为专业的工具：培养皿。"

陈老师："你们带来新鲜的面包，请你们自己来取两块小面包放入你的培养皿中，并用放大镜仔细观察新鲜的面包长什么样子，它和你眼睛看到的面包有什么不同。"

邵梓萌："面包有一个一个的洞。"

傅一然："我看到它有一条的线。"

王偲琦："我还看到它有一个个椭圆形的小洞。"

陈老师："面包里面的一个个大小不一的小洞是它在蒸或烤的过程中，里面的空气受热膨胀导致的。使用放大镜之后，你的观察到了哪些变化？"

何浩宇："洞洞变大了。"

吴彦泽："面包也变大了。"

陈老师："对的，放大镜能把细小的东西放大，方便我们观察。"

2. 给霉菌建房子啦。

观察完面包的形状，小朋友们开始给实验霉菌的培养皿建房子。

吴彦泽："快开始吧！我等不及了！"

陈思娴："这个培养皿长得真奇怪，它可以打开，里面有两个小房子（隔断成两个空间），刚好一个放湿面包，一个放干面包。"

周亦欣："快把喷壶给我一下，我的面包已经住进去了，我要给其中一块面包加加水。"

陈老师："现在，我们需要将我们的培养皿放到我的展台上，可是有这么多培养皿，你下次怎么才能知道哪个是你的培养皿？"

陈思娴："我们可以给自己的培养皿做上标记。"

小朋友建完培养皿，根据教师准备的自黏纸，剪刀和马克笔，用自己的方法给培养皿做上标记，便于辨认。

教师的思考：

这个阶段，孩子们认识了新事物：培养皿，也独立完成了霉菌环境的培养，更知道了在实验前要对实验物进行观察，以便后期的对照。渐渐地，孩子们变成了一个个科学小达人。结合创客空间的实际情况，教师给幼儿配备了自黏纸和马克笔，并将小盘子置换成了更为专业的培养皿。

观察物体发生霉变是否与空气潮湿有关则需要在实验的过程中控制变量，设置对照组，一组环境干燥，一组环境潮湿，而幼儿在实操过程中由于过于专注及自身知识储备有限，需要教师在幼儿动手实践的过程中巡回观察，提醒幼儿在自制霉菌培养环境时设置对照组。

四、物体发霉，真的和空气潮湿有关系吗

加水的面包过了3天就开始产生霉变，今天是霉菌观察的第12天。

1. 我的面包发霉了。

小朋友对自己的霉菌培养皿发生的变化充满了好奇，纷

纷发言：

王偲琦："面包发霉了。"

周亦欣："有细菌了。"

孩子们一边拿着放大镜观察一边交流。

何浩宇："一点一点的。"

吴彦泽："这里脏脏的是霉菌，黑黑乱乱的。"

傅一然："很多的棕色，我的还有一点点绿色。"

陆景文："我的面包上长了很多的霉菌，圆圆黑黑的，还有很多的毛。"

霉变的面包引起了小朋友们的注意，每个孩子都把头埋得低低的，仔细观察着自己手里的霉菌。每个孩子培养出来的菌落都长得不一样，每一次的深入观察都有新的发现，每一个发现都让孩子们惊喜不已。

总结：我们从 4 月 18 日开始做细菌培养，今天 29 日面包发霉。不加水的面包经过 12 天成功发霉，上次我们加水的面包过了 3 天就发霉了。在温度不高、潮湿的环境下面包更容易发霉。

周亦欣："原来潮湿的环境真的可以让面包更快地发霉呢！怪不得那几天下雨完了地瓜就发霉了。"

吴彦泽："每个小朋友的面包上的霉菌长得不一样，发霉的位置也不一样。"

何浩宇："我的观察工具是放大镜，我观察到的内容是我的面包发霉了，上面一圈一圈黑黑的就是霉菌。我的霉菌一点也不好看。"

2. 显微镜下的霉菌长什么样子？

为了帮助幼儿看清自己实验物品的霉菌长什么样子，教师调整好显微镜，提取小部分霉菌，置于显微镜下引导幼儿观察。

何浩宇："我怎么感觉霉菌又变好看了呢，这是怎么回事？"

陈思娴："这个霉菌有一个长长的小尾巴，像个小蝌蚪一样。"

王偲琦："另一个霉菌就没有这么好看了，明明旁边那么多位置，干吗都挤成一团了。"

周亦欣："这些是我们放大镜都看不到的，显微镜太厉害了。"

吴彦泽："用显微镜能观察到很多我们平常生活中眼睛所看不见的东西，这太神奇了。"

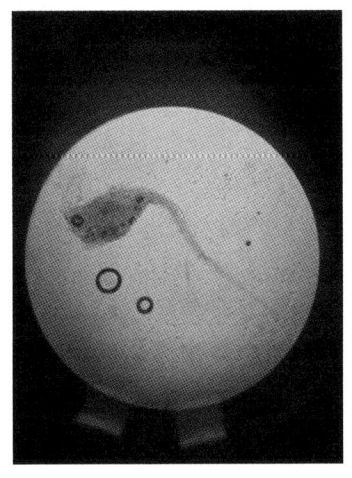

3. 在平常的生活中，我们应该怎样防止或减少食物发生霉变？

陈老师:"宝贝们,你们知道发霉的食物能吃吗?"

何浩宇:"发霉的食物不能吃,必须要扔掉。"

吴彦泽:"霉菌会破坏我们的身体,不能吃。"

何浩宇:"原来真的是空气潮湿、温度不高时更容易让面包发霉啊,我以后要好好保护我的点心。"

吴彦泽:"不要把食物弄湿就好了。"

周亦欣:"用保鲜袋装好,放在冰箱里就好了,我妈妈的店里还没做的菜就是这样放的。"

王偲琦:"还有,一次不要买太多,就不用担心发霉的问题了。"

教师的思考:

通过本次实验,幼儿得出结论:潮湿的空气会使得食物更快地发霉,从而论证地瓜发霉是因为连续雨天,在空气潮湿的情况下发霉;在生活中保护好食物,食物就不会发霉;发霉的食物不能吃。教师鼓励幼儿做好每次的霉菌观察记录,并算出面包发生霉变的周期。引导幼儿做好干、湿面包产生霉变时间的对比,并以此为依据判断、推理得出结论,物体发霉和空气潮湿有关系,逐步发展幼儿的逻辑思维能力,为其他领域的深入学习奠定基础。鼓励幼儿根据实验发现提出值得继续探究的问题,如:在平常的生活中,我们应该怎样防止或减少其他物质发生霉变问题,帮助幼儿不断积累经验并应用于新的学习活动,形成受益终身的学习态度和能力。本次科学活动很好地体现了指南精神。《指南》中指出幼儿能够通过观察、比较,分析发现并描述不同种类物体的特征或某个事物前后的变化,并能够用一定的方法验证自己的猜想。

【课程感悟】

《指南》指出,幼儿科学学习的核心是激发探究兴趣,体验探究过程。为了保护幼儿的好奇心,教师并没有直接告诉幼儿霉菌产生的原因,而是引导幼儿通过观察、比较、操作、实验等方法,学习发现并分析问题"地瓜产生霉变的原因"。充分利用自然和实际生活机会展开实验,通过幼儿自身的积极探究,得出结论:潮湿的空气会使得食物更快地发霉。从而论证地瓜发霉是因为连续雨天,空气潮湿导致的。在生活中保护好食物,食物就不会发霉。

将实验经验延伸至我们的生活中，鼓励幼儿在生活中如何防止或减少其他物质发生霉变，帮助幼儿不断积累经验并应用于新的学习活动，形成受益终身的学习态度和能力。

　　本次活动，是一次从班级延伸到场馆的深度学习，因孩子发现植物角的地瓜制品发霉而产生：地瓜为什么会发霉？从生活中的问题出发，通过寻求帮助而获得粗浅的认知经验，从而提出猜想：地瓜发霉可能是因为空气潮湿。为了验证这个猜想，孩子们开启了一趟探索霉菌的实验旅程，并最终验证了自己的猜想。通过循序渐进的材料搜集—讨论—计划—申请—实践—交流—共享—共识—产生新疑问—再次讨论，孩子的经验获得螺旋式上升。

　　幼儿对科学实验非常感兴趣，乐于操作，寻求实验结果。这也让教师们进一步感受到生活中一件小物品、小事情有着更大的探索意义和价值。在霉菌的探究中需要教师有比较丰富的相关知识储备，更是让我们感受到了要给孩子们做加法，教师首先要给自己做加法，这样才能更好地去解决和应对在活动中出现的各种各样的问题。

蛋托变变变（旧物改造）

【课程缘起】

　　旧物改造是劳动美和创造美的体现，是践行中华民族勤俭节约美德的方式之一。在旧物改造场馆，孩子们将各种旧物改造成小手工、小玩具。有一次，孩子们散步的时候发现厨房的门口堆放着许多的旧蛋托，这时候大家开始讨论了起来——门口这么多的蛋托，没有人要，那这些就是不要的废旧物，我们是不是可以收集起来拿它到旧物改造屋来做点儿什么呢？于是，小朋友们展开了讨论："蛋托有一片片凸起的部分，像一朵花的花瓣一样，我想要做一朵花放在衣服上做装饰！""我觉得蛋托它是圆的，我想拿它做成一只可爱的小乌龟。""我想直接在上面画画，涂上各种各样的颜色。"

教师的思考：

小朋友们有着丰富的想象力和创造力，一些原本在厨房角落里没有用的蛋托，本身没有多少引人注意的地方，但是孩子们能够通过自己的发现，认为这些蛋托是能够为他们所用的，从而引起了大家的思考、讨论和交流，这样的一个过程是唤起孩子们经验准备的过程，孩子们通过自己的发现引起兴趣和探究，从而为接下来的场馆实践做准备。教师需要做的是和孩子们一起发现、讨论，倾听孩子们的想法，支持孩子们发挥自身的想象美和创造美，提升自己的探究兴趣以及动手能力。

【课程实施】

一、勤动脑，巧设计

幼儿们发现了堆放在厨房角落里的蛋托，大家表示很多蛋托这样直接丢弃有点浪费，于是纷纷进行了讨论可以怎么样把这些蛋托收集起来做成其他有用的东西，可以是手工也可以做成生活中的物件用作其他用途。对此，幼儿和教师分别从生活（厨房，超市）中收集了许多蛋托，并拿到了旧物改造屋进行讨论。

教师："我们大家收集了这么多的蛋托来旧物改造屋，除了上次小朋友们讨论的之外，那么大家有没有什么想法可以把它变成一个新的东西，然后怎么用到我们的生活当中呢？"

幼$_1$："我想把它做成漂亮的装饰品，然后挂在教室里，让教室变得更漂亮。"

幼$_2$："我觉得蛋托一个一个的还可以把它做成能放东西的小篮子，这样就能放我的贴贴纸和橡皮擦。"

幼$_3$："我想直接在上面画画，画上眼睛、鼻子和嘴巴，让它变成小猪佩奇，放在家里的书桌上。"

幼$_4$："旧物改造屋有这么多东西，我觉得可以拿这些东西和蛋托一起做成好多漂亮图案，然后我要放在衣服和书包上，这样就更美啦！"

幼$_5$："可以像之前大班的哥哥姐姐们一样，用蛋托做一件蛋托的衣服去'走秀'。"

孩子们通过讨论和欣赏图片，纷纷说出了自己对于想要改造蛋托的想法，通过投票和商讨，决定先做装饰品，然后装饰教室，于是小朋友们通过画预约表正式向旧物改造屋提交了预约的申请。

设计制作过程：

教师的思考：

通过经验分享，小朋友们欣赏，发现了很多种能够将这些放在厨房的蛋托收集起来并且进行改造制作的方法，这一过程是充分面向全体幼儿和个体幼儿的过程，尊重孩子们自身想法的差异性，通过前期经验的建构，为下一步的正式手工制作做好基础准备。作为教师，我们应当做好观察者和引导者的角色让孩子们去感受，去调动自身的对于蛋托变废为宝的主观能动性。

二、勤动手，巧制作

师："大家今天要来用蛋托做漂亮的小挂饰，然后拿回教室装饰，大家想做什么？"

幼$_1$："想要做成能挂起来的可爱小动物。"

幼$_2$："做成小风铃。"

幼$_3$："把每个蛋托剪下来，涂上颜色，然后做成很多花，再把这些花用旧物改造屋的丝带打个结系在一起然后装饰教师的门、窗户。"

经过交流，大家对于要做什么样的蛋托挂饰有了雏形。教师继续引导幼儿欣赏和对比，小朋友们决定先用蛋托做一只小蜜蜂挂饰，采用的形式为用卡纸做底，蛋托贴在卡纸上并在其画面上添加相关内容。

教师的思考：

幼儿们通过讨论，协商，欣赏，得出要做什么样的蛋托，对想要制作怎样的一个小挂饰有了明确的印象和认识——对要做什么形象，要用到什么样的材料，要怎么做等具体步骤做足了前期准备，从而为后续的制作过程的有效开展积累了经验。但是由于孩子们前期的绘画设计图中体现的想法不一，有的反映出较强能力，有的又反映出较低能力，因此老师通过讨论，商讨出统一的手工制作方法面向全体幼儿，然后在同一件手工蛋托挂饰的制作当中，尊重孩子们的想法，对于其设计的方式思路，够体现出面向幼儿个体的方式。

手工蛋托挂饰——小蜜蜂：

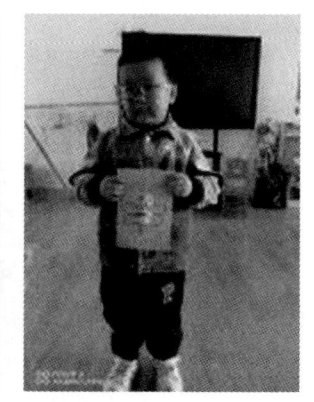

三、巧对比，大推进

1. 发现问题。

通过第一次蛋托小蜜蜂挂饰的制作，小朋友们发现了一些问题，并把这些问题带到了旧物改造屋一起讨论可以怎么解决。

问题一："上一次用了白乳胶，可是白乳胶干得太慢了，贴上去的蛋托装饰粘得不紧就掉下来了。"

问题二："上一次是合作完成一幅蛋托蜜蜂的挂饰，这次想要自己独立完成，这样子有更多的参与感和成就感。"

问题三："想要拿这些做好的蛋托蜜蜂挂饰来装饰树，可是感觉放上去后没有达到想要的那种感觉，而且感觉旧物改造再利用不明显。"

2. 调整制作方案和材料，学习新经验和方法。

（1）更换材料，把白乳胶替换成酒精胶或者热熔胶，让蛋托贴起来更稳固。

（2）将蛋托挂饰的制作由平面改成立体。

小朋友们通过讨论，打算将蛋托按原来的方式先剪下来，剪两个蛋托，然后把边修好之后，用酒精胶或热熔胶前后对应粘好，然后串好绳子，接着用勾线笔，在彩纸上面画好小蜜蜂的翅膀、眼睛等（可以直接拿笔在上面画）。这样，一个立体的蛋托小蜜蜂手工就做好了，也比之前做得要更美观，把调整之后做成的蛋托小蜜蜂挂在教室里，童趣和亲近自然的感觉更明显了，将旧物蛋托改造成小蜜蜂挂饰利用起来，也赋予了这些废旧蛋托新的用处。

（3）每位小朋友独立制作，每个小朋友做1~2个蛋托小蜜蜂。

做好多新的小蜜蜂挂饰，然后用其他废旧材料做辅助，把这些小蜜蜂挂饰串起来，就变成了一群小蜜蜂，这样挂在教室里就更好看了，还可以把这些小蜜蜂挂在树上，就有小蜜蜂飞舞和成群结队的感觉。

教师的思考：

通过对比和推进，让孩子们自己去发现不同之处，激发孩子们的好奇心和求知欲，幼儿在制作蛋托的过程以及后续作品的投入使用中难免会发现问题，教师则应当尊重孩子们的问题，引导孩子们商讨解决问题和改进策略的方式和方法，教师应当把蛋托制作以及变废为宝过程的主动权交给孩子们，让孩子们亲身去感知对比，发现问题并寻求解决方法，从而去推进，做出符合大家心里所想的蛋托手工挂饰作品。

四、继续推进

有了制作蛋托小蜜蜂挂饰的经验，小朋友们对做新的蛋托装饰物有了更大的兴趣，于是纷纷讨论要做更漂亮的蛋托手工。他们跃跃欲试，纷纷设计，制作出了多种多样、风格各异的蛋托手工。从最开始的挂饰，到摆件，再到实现、再利用，小朋友们用自己的智慧，独特的想象力，赋予了蛋托新的生命力。大家在彼此的制作过程中感受到了旧物改造利用中的节约美和劳动美，学习到了中华民族勤俭节约的美德。在这样的一个有趣、好玩的过程中，孩子们发现美、欣赏美、创造美的能力得到了提升。《指南》指出："和幼儿一起发现美的事物的特征，尊重幼儿自发的表现和创造，并给予适当的支持和引导，肯定幼儿作品的优点，用表达自己感受的多种方式引导其提高。"因此，通过旧物改造蛋托制作成手工装饰品，实现旧物换新装，再让孩子们亲身体验这样的一个活动过程，是实践《指南》艺术领域活动相关要求的具体体现。

教师的思考：

经过了几个阶段的交流、探究、制作、发现问题、推进策略，幼儿们逐渐掌握了巧妙地制作蛋托，变废为宝的方式。发现问题，解决问题，动手能力得到了提升和锻炼，而且制作出来的蛋托手工的形式也逐渐地丰富和多样化了起来。因此在手工制作的过程，教师应当最大限度发挥幼儿自身的自主性，鼓励和支持幼儿大胆地表达、交流和创作，为幼儿提供丰富的材料，根据生活经验，与幼儿共同确定艺术表达表现的主题，引导幼儿围绕主题展开想象，进行艺术表现，从而创作出更多有趣、奇妙的蛋托作品。

【课程感悟】

虽然旧物蛋托的改造利用，手工制作是阶段性的，孩子们在旧物改造屋的实践也有限，但是在这样的一个阶段中，小朋友们通过自己的交流讨论，不断地尝试和创新，充分发挥自己的生活经验，调动在艺术领域的学习经验。这正是以一日活动中的环境支持为主，材料的多样化和相关课程的渗透为辅，从而促进幼儿在艺术领域能力提升的体现。

宝贝厨房"美味煎饼"

【课程缘起】

幼儿园孩子挑食偏食的现象比较严重，究其缘由，是因为生活环境相对比较优越，很多幼儿适应了厚重的各种食品添加剂的味道，因而味蕾较难感知出食物原始的味道。如何让儿童能重新找回对食物原始味道的感受并喜欢上食物的原始味道？我们决定预约宝贝厨房开展烹饪活动，让儿童在亲身体验制作的过程中，去感受食材、了解食材，品尝食物。

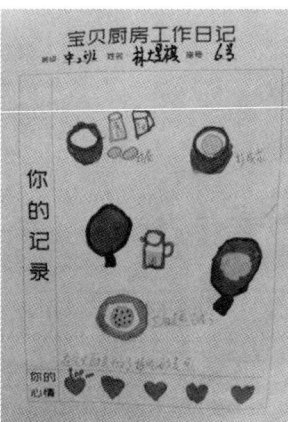

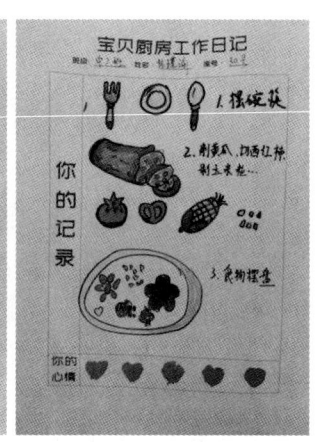

宝贝厨房工作日记

【课程实施】

中二班孩子们筹划并期待已久的煎饼制作活动在"宝贝厨房"开始了。孩子们根据之前的食谱计划，领取食材和自己的"家人"一起进入"小厨房"制作煎饼。

一、煎饼的营养之争

当天天端着像小山一样高的食材回到"厨房"时：

白白："你拿的食材也太多了吧！"

天天："种类多一点营养才丰富呀！"

白白："可是也要爱惜粮食，老师说我们要光盘行动，这么多的食物，你吃得完吗？"

天天："可是材料我都拿了，现在怎么办？"

白白："那你可以把这些食物放回去一半呀！"

天天："这样也不行的，我妈妈说过，食物要吃更多种类，营养才丰富。"

旁边的琪琪看见了，说："我想到一个好办法了，我们可以每样食材都拿出来一点，这样种类多了，营养丰富了，我们也能吃得完。"

琪琪的建议得到大家的一致认同，小伙伴们一起去食材区，把每一样材料都放回去一些。

幼儿的探索与发现：

营养之争结束后，我组织小朋友们一起集中分享：

问题一："在今天的烹饪活动中，你们发现了什么秘密？"

幼$_1$："我是每一样食材都拿一点，这样食材种类多了，营养就丰富了。"

幼$_2$："我刚开始也拿了很多食材，但是我发现太多了，后来我每一种都又取出来一点点，这样我拿的材料就不会太多了。"

幼$_3$："是的，不能取太多食材，拿太多了我们要煮很久，也很累。"

问题二："那么如何才能制作美味又营养的煎饼还不浪费呢？"

幼$_1$（指着宝贝厨房更衣室前面的食物营养金字塔图片）："食物金字塔告诉我们，要多吃蔬菜，所以我的煎饼里蔬菜比较多。"

幼$_2$："金字塔还告诉我们要适量吃一些海鲜和肉，所以我的煎饼里还有海蛎。"

幼$_3$："我不喜欢吃海蛎，我就在煎饼里放了肉末。"

教师的思考：

民以食为天，中华饮食文化源远流长。幼儿园不仅要让孩子吃到美味、健康的食品，还要充分利用幼儿对食材的操作，放大饮食育人的意义。幼儿园教育，以体验式游戏为主，因此，让孩子们在烹饪的过程中，通过自己的亲手操作，亲身体验，让孩子利用环境自主学习，把饮食教育真正地融入到幼儿的生活之中。

《指南》指出："帮助幼儿了解食物的营养价值。"因此，教师要给幼儿提供适宜的环境和丰富的材料,支持幼儿在游戏过程中探索并感知,引导儿童在探讨中思考、在思考中操作,在操作中获得新经验。

在之后的分享活动中,我们结合"寻找营养美食小能手"的谈话内容,在孩子已有课程经验的基础上,继续通过操作、比较、记录等方法,不断积累相关生活经验。

在这样开放的食育过程中,幼儿通过烹饪活动,获得了以下新的经验:能将营养金字塔的知识运用到实际之中,能在生活中判断出每种食材属于金字塔中的哪个层次,并合理搭配;知道要爱惜粮食,不浪费粮食。

二、煎饼的外形之争

经过孩子们的努力,煎饼终于出锅了,看到香喷喷的煎饼,孩子们开心地围坐在一起,说起自己的制作心得。

明明(得意):"你们瞧!我煎的煎饼这么圆,像圆圆的太阳一样,还是金黄色的呢!"

嘻嘻(难过):"我的煎饼破了一个角,不像圆圆的太阳了。"

浩浩拿着一盘煎饼加入了谈话,他的煎饼引起孩子们好奇的目光:"在煎饼时,我不小心把煎饼煎破了,我想起之前我们做饼干是用饼干模具制作饼干的,我就用模具压在煎饼上,你们瞧!我的小熊煎饼、小兔煎饼多好看呀!"

浩浩的煎饼造型得到孩子们的一致好评,于是大家一起行动起来,对自己的煎饼进行了改造。

嘻嘻:"我把小花煎饼围成一圈,把印不了花的煎饼放在中间,这样的煎饼好吃也好看。"

明明:"我把煎饼放在一边,再加一些蔬果沙拉,这样看着好看而且营养更丰富了。"

然然:"我在煎饼的旁边放几颗西红柿,红红的也好看,配着煎饼吃一定很美味。"

教师的思考：

《指南》指出："和幼儿一起发现美的事物的特征，感受和欣赏美。"在生命成长的过程中，人需要在生活中发现美、感受美，这能大大提升我们的幸福感指数。

在环境中，我给予幼儿很多隐性的支持：

1. 在宝贝厨房的环创中，有很多清晰的各种摆盘图片和材料，每一个进入宝贝厨房的幼儿都能感知到这些环境刺激。

2. 提供宽松的操作环境，在宝贝厨房，每一位幼儿都是主人，所有必要材料都对他们开放，孩子们对一些简单工具的运用会比较熟悉。

除了环境的支持外，我还会和班级老师进行沟通和反馈，在班级进行"食材变变变"的探究活动，在美工区投放"花样拼盘"，让幼儿继续发现美、创作美。

给幼儿提供丰富的材料和适宜的工具，支持幼儿在游戏过程中探索并感知，引导儿童在合作中思考、在思考中操作，在操作中获得新经验：

1. 会根据食材的特性进行相应的装饰。
2. 发现食物摆盘的美，喜欢进行食物摆盘活动。

三、煎饼的品尝之旅

煎饼制作完成了，大多数孩子都洗好手进入进餐区准备用餐，可是宁宁却还是在旁边磨磨蹭蹭，我提醒了好几次才坐到位置上，其他孩子的餐盘都快吃完了，只有他的餐盘几乎没动过，我询问情况："宁宁，为什么不吃呢？"

宁宁回答："我不喜欢吃胡萝卜。"

旁边的丁丁说："胡萝卜营养很丰富，你就试一下吧，可能你就喜欢了呀！"

宁宁（委屈）："我小的时候就不喜欢吃胡萝卜了。"

好好："宁宁你就试一试吧，我以前也不喜欢吃胡萝卜，可是刚才我试了一下，加了沙拉酱的胡萝卜酸酸的、甜甜的，真的很好吃。"说完还大口地吃了起来。

宁宁看着朋友们鼓励的目光，也尝试着勺了几颗沙拉放进嘴里，吃完后说："咦，味道真的不是很难吃呀！"说完和朋友们一起开心地吃了起来。

教师的思考：

营造温暖、轻松的心理环境，让幼儿在亲身体验中感受"新味道"，并由此延伸出挑战新事物的勇气。

由于生活环境比较优越，当今儿童挑食偏食的现象普遍，而对儿童进行食育，单纯地说教效果不会很好。

而在宝贝厨房进行食育，因为食材是孩子们自己的选择，自己的制作，对食物本身有一个自我成就感，同时在同伴都在发出肯定的呼声时，孩子们会对未尝试过的食物产生品尝的欲望。

【课程感悟】

健康是指人在身体、心理和社会适应方面的良好状态。幼儿阶段是身体发育和技能发展最为迅速的时期，是一切良好行为习惯形成、生活技能习得的重要阶段。

我们以场馆"宝贝厨房"作为引线，让幼儿通过讨论—制订计划—合作—回顾—分享等阶段，学习在生活中判断出每种食材属于金字塔中的哪个阶层，并合理搭配；知道要爱惜粮食，不能浪费；了解均衡营养餐对身体的重要性；知道要爱惜粮食，能不浪费；发现食物摆盘的美，喜欢进行食物摆盘活动；听从指令要求；分享合作和良好的举止有助于社会技能发展；等待他人说"好啦，我们大家吃吧"，培养耐心等等。在操作过程中发现这些食物来之不易，体会家里烹饪者的付出和辛劳，感受烹饪者对家人的情感。同时，在实际的操作过程中，发现食材美妙的口味，从而激发孩子对生活的一种新的认识，引发孩子对生活的热爱。

再见旧园，你好新园

【课程缘起】

在花园路生活了一年的小班宝宝们将告别旧园，搬到公安局新园开启中班生活。家长会上我们发布了该消息，孩子们获知即将进入新园，告别旧园，时不时和老师、小伙伴们聊起该话题。"我好开心呀，新幼儿园有沙池，还可以认识新老师呢。""我家就在新幼儿园那里，那里有很多玩具，我有点开心。""新园有没有和我们一样的玩具？我舍不得这里的玩具，如果新幼儿园是我喜欢的幼儿园，我会很开心的。"孩子们对新园的喜爱不仅在言语中反映出来，心情也是各异。

通过讨论，我们发现孩子们在面对搬新园时，他们有对陌生环境、陌生人的害羞，也会有对熟悉环境分离的难过，但又有对新环境、新玩具、新朋友的期待。

在得知搬新园这一消息时，我们观察到孩子们表现出一定程度的焦虑情绪，但同时他们又对新事物保持着天然的好奇心和探索欲，因而也对新幼儿园抱有浓浓的期待和憧憬。面对幼儿这种复杂的情绪，我们决定通过倾听和理解更深入地走入孩子们的内心，以"建构新园"看见孩子心中的幼儿园。

【课程实施】

一、这是新园的房子吗？

建构游戏时间，景铭用快递箱、酸奶盒、矿泉水瓶等材料搭建起了一个庞大的结构，对我说："老师你看，我搭的是新园！"但旁边搭建的小朋友马上出言反驳："这根本不像新园。"大家都感到有些疑惑。景铭搭得像不像新园的房子呢？大家对此都有自己的看法，有的认为很像，甚至还能说出是哪一栋；有的则认为不像，歪着头觉得怎么看都看不出来。

教师的思考：

在建构的过程中，孩子们将已有的经验和感受与新园进行链接，但在运用所学的建构技能搭建较复杂的物体造型时，分工合作，共同搭建的意愿不强，时常单个搭建出现争吵现象，没有形成较好的组合搭建。为培养孩子的合作能力，让孩子在结构游戏中获得更多的成果和乐趣，结合孩子们新出现的兴趣点"新园的房子"，我组织讨论，顺势开展课程。

二、新园的房子长什么样

经过第一次关于"他搭的是不是新园的房子"的事件，孩子们达成了共识：如果要让别人一看就知道这是新园，最有用的办法就是搭得像一点。怎么搭得像一点呢？嘉晨提议："看看新园的照片呀。"雨芯认为："我们还可以再去一次新园看看！"

教师的思考：

幼儿在建构中对新园有了一个初步的模糊印象，为了帮助他们更加清晰地认识新园，我们决定以写生及参观的方式带领孩子们从想象走向现实，亲身体验新园的环境，感受想象与现实之间的不同以及发现新园与老园之间的差异，从而加深他们对新园的了解和认知，拉近与新园的距离，消除陌生感。

三、可以用哪些材料来搭，怎么搭

建构游戏开始前，我先请孩子们欣赏了新园写生作品，激发幼儿参与建构游戏的兴趣。接着，让孩子们感受新园建筑类型，发现建筑类型间的差异。景铭突发奇想："纸芯筒搭大门，竖起来就可以。"恩浠跟着说道："快递盒子叠起来就是白色的楼。"孩子们对材料的认知理解与运用，渗透了对建构的初步计划，最后，请孩子们自由与同伴合作，选择合适的材料进行搭建。

教师的思考：

孩子们尝试运用平铺、连接、架空、围拢、组合、对称等建构技能进行搭建，在点滴中成长，虽然依然有不足之处，但我相信孩子的创造力是丰富而多样的。我将继续引导他们创造作品，提升建构技能水平，鼓励他们大胆表现，勇于创新和想象。

四、我来设计新园

在建构游戏的过程中，孩子们边搭边想象，边想象边动手。有的孩子为新园装上了电动扶梯，有的为大门安上了轮胎和翅膀。李烨："我喜欢很高很高的房子，我们在一百层上课！"宇洋："我想大门上有奥特曼。"星仰："要是不用爬楼梯，那就太舒服了！"嘉晨："我们的教室可以像爱莎公主的城堡一样。"……不如我们就一起来建构属于孩子们心目中的新园吧！

教师的思考：

通过前几次建构游戏的积累，孩子们在搭建过程中都较好地掌握了搭建方法和技巧，不再是随意搭建，而是有目的地建构自己所想的样子，搭建出来的房子牢固、造型丰富、颜色搭配协调……孩子们在游戏中通过合作、协商认识到有效利用材料才能建构出造型漂亮、颜色搭配协调的楼房，大胆自信地创造让他们感受到快乐，从而真正在游戏中成长。

【课程感悟】

旧园再见，我会记得在这里的每一个普通又难忘的时光。我哭红鼻子得到过的拥抱，我捏的泥巴，玩过的小石头，我用画笔涂过的绚丽颜色……我在这里经历的所有美好，汲取的每一份力量和勇气，都将成为我前行的力量。

新园你好，我对你充满好奇与想象，渴望与你一起探索未知的宝藏，续写我的下一篇章！

再版后记

《陪幼儿走过春夏秋冬——幼儿园生命成长体验式学习活动案例》一书自2019年10月初次出版以来，我们收到了来自各地幼儿园教师及家长们的积极反馈。大家普遍认为，本书所呈现的结合一年四季季节特点、与季节结伴而行的四季课程，让幼儿在课程中感受到生活的愉悦、爱与成长、生命与感恩。因此，我们对《陪幼儿走过春夏秋冬——幼儿园生命成长体验式学习活动案例》一书进行了再版修订，增加了幼儿的"四季课程故事"，把孩子们在课程推进过程中的所思所想、所行所乐，和大家一起分享。这些故事是老师们对孩子们在生命的成长过程中，对生活的发现、对世界的好奇心的回应与支持探索的记录。

本次再版新增了15个四季课程故事，涵盖了幼儿学习的五大领域。这些故事贴近幼儿生活实际，体现了在生活中学、在生活中发展的情境性、体验性和感悟性，从中也看到了幼儿成长因体验而快乐，童年因充实而精彩，成长的历程即是幼儿丰富的课程。我们也可以在故事中深刻体会到，教师尊重儿童，为幼儿提供时间、空间与行动的自由，鼓励幼儿组成学习小分队，通过亲身参与和实际操作的自主体验式学习，去感受生命的宝贵与美好。在四季的故事中，我们能够感受到老师们特别强调和重视家庭、社会与幼儿园在幼儿生命成长过程中的合作与配合，鼓励家长积极参与幼儿的生命教育过程，共同为幼儿的健康成长营造良好的环境，儿童在幼儿园收获的经验能够在家庭与社区环境中得到迁移、拓展，学习得以循环延续。

本次案例的汇编，由黄伟老师负责对四季同行的课程意图、课程预期目标、课程内容等文本框架的再搭建、篇章引言、再版后记的撰写，并做最后的总体汇总；由黄伟、林燕钦、陈赛华、胡志华、黄碧霞对四个篇章的课程实施、四季课程故事进行详细的再归纳与整理。感谢鲤中实验幼儿园全体小朋友给予我们多样的惊喜与幸福！感谢鲤中实验幼儿园全体教职员工为儿童的生命成长付出的一切努力！感谢亲爱的家长朋友们对孩子们的陪伴，与我们在幼儿教育的道路上同行！

　　在此，对幼儿园的课程建构与园所的发展给予支持和帮助的吴荔红教授、兰一心老师、李欢老师、林丽华老师、张颖老师，以及莆田市教育局、莆田市教师进修学院、仙游县教育局、仙游县进修学校致以崇高的敬意和衷心的感谢！

　　最后，再次感谢所有为本书编写和再版付出辛勤努力的编辑和工作人员们。也感谢广大读者对本书的厚爱和支持。我们将继续秉持教育初心，不断探索和实践生命教育的真谛，为培养健康、快乐、有爱心、有责任感的下一代贡献力量。

黄　伟
2024 年 5 月

图书在版编目（CIP）数据

陪幼儿走过春夏秋冬：幼儿园生命成长体验式活动案例/黄伟主编. —2版. —福州：福建教育出版社，2024.8. ISBN 978-7-5758-0241-3

Ⅰ.G612

中国国家版本馆CIP数据核字第20245Y11P3号

Pei You'er Zouguo Chun Xia Qiu Dong

陪幼儿走过春夏秋冬

——幼儿园生命成长体验式活动案例

黄 伟 主编

出版发行	福建教育出版社
	（福州市梦山路27号 邮编：350025 网址：www.fep.com.cn
	编辑部电话：0591-83726971
	发行部电话：0591-83721876 87115073 010-62024258）
出 版 人	江金辉
印 刷	福州万达印刷有限公司
	（福州市闽侯县荆溪镇徐家村166-1号厂房第三层 邮编：350101）
开 本	710毫米×1000毫米 1/16
印 张	20.5
字 数	305千字
插 页	2
版 次	2024年8月第2版 2024年8月第1次印刷
书 号	ISBN 978-7-5758-0241-3
定 价	55.00元

如发现本书印装质量问题，请向本社出版科（电话：0591-83726019）调换。